W0205094

Stundenblätter

zum Themenheft Zentralabitur

Sprache | Medien | Lesen und Literatur

Stefan Schäfer

Ernst Klett Verlag
Stuttgart · Leipzig

Die Reihe **„Stundenblätter"** ist konzeptionell überarbeitet und den aktuellen Anforderungen an Ihre Unterrichtsvorbereitung angepasst worden. Sie bietet Ihnen zu ausgewählten Abiturthemen ein komplettes Unterrichtsmodell, gegliedert in praktikable thematische Module.

Die vorliegenden Stundenblätter basieren auf dem **Themenheft Zentralabitur** „Sprache | Medien | Lesen und Literatur" (978-3-12-347456-9) und sind nur zusammen mit diesem verwendbar.

Eingangs finden Sie **zwei Vorschläge für Ihre Unterrichtsgestaltung**: Die erste Übersicht zeigt Ihnen einen maximalen Durchgang durch das Thema, die zweite Übersicht einen verkürzten Durchgang, wenn die Zeit knapp ist.

Drei Kapitel enthalten alles Nötige für das Gelingen Ihres Unterrichts.

1. Die **Kopiervorlagen** im ersten Teil ergänzen die Materialien im Themenheft Zentralabitur durch differenzierende Erarbeitungsvorschläge oder Weiterführungsmöglichkeiten.

Am Ende schließt sich ein **Klausurvorschlag** an, zu dem es ein **Bewertungsraster** gibt.

2. Das Kapitel **Sachinformationen** vermittelt in kompakter Form wichtiges Basiswissen zu den drei inhaltlichen Bereichen des Themenheftes und ermöglicht eine sachliche Einordnung der Themen.

3. Das Kapitel **Kommentare und Lösungen** liefert Ihnen alle nötigen Hinweise, die Sie zum Unterrichten mit dem Themenheft „Sprache/Medien/Lesen und Literatur" brauchen. Die drei Kapitel des Themenheftes sind in Unterrichtsmodule aufgegliedert, die Ihnen zeigen, wie Sie den Stoff des Heftes sinnvoll aufteilen können.

Zu allen Modulen werden die Intention, Zeitbedarf, Kompetenzerwartungen genannt und sind mögliche Unterrichtsverläufe übersichtlich dargestellt. Daran schließen sich ausführliche Lösungen und Erwartungshorizonte an zu allen Arbeitsaufgaben im Themenheft und selbstverständlich auch zu den Kopiervorlagen in den Stundenblättern, sodass die Arbeitsergebnisse der Schüler leicht überprüfbar werden.

Für das Abitur im Jahr 2015 und für das Abitur im Jahr 2016 wird es jeweils eigene Themenhefte Zentralabitur geben, die auf einige veränderte Textvorgaben im Land Niedersachsen reagieren. Die Kommentare und Lösungen zu diesen Themenheften werden jeweils im Sommer 2014 und 2015 als Teil des Downloadpaketes (vgl. hintere Umschlagsinnenseite) integriert und sind dann dort ständig abrufbar.

Wir wünschen Ihnen viel Erfolg in Ihrem Unterricht!

Inhalt

Inhalt

Modul	Thema	Material	Kompetenzen	Sozialform	Zeitbedarf
I	**Innere Mehrsprachigkeit und Sprachvarietäten**	Themenheft: Seite 6–22	- Sprachvarietäten erkennen und benennen - das Konzept der inneren Mehrsprachigkeit erarbeiten - mindestens eine Sprachvarietät genauer erarbeiten - theoretische Modelle der Sprachwissenschaft kennen - anspruchsvolle grafische Modelle der Sprachwissenschaft untersuchen und vergleichen - sprachwissenschaftliches Fachvokabular richtig anwenden	Unterrichtsgespräch Einzelarbeit Partnerarbeit Gruppenarbeit	5 Stunden (= 225 min)
	Teilmodul 1: Innere Mehrsprachigkeit und Sprachvarietäten	Themenheft: Seite 6–9 *KV 1: Eine Argumentation untersuchen und bewerten* *KV 2: Eine Argumentation prüfen*			
	Teilmodul 2: Varietäten – Kiezdeutsch	Themenheft: Seite 10–17			
	Teilmodul 3: Varietäten – Jugendsprache	Themenheft: Seite 16–17			
	Teilmodul 4: Funktionalstile	Themenheft: Seite 18–19			
	Teilmodul 5: Das Konzept der inneren Mehrsprachigkeit	Themenheft: Seite 20–22			
II	**Sprachwandel und Sprachkritik**	Themenheft: Seite 23–32 *KV 3: Sprachskepsis um 1900 kennenlernen* *KV 4: Tendenzen des heutigen Deutsch bewerten*	- Abbildungen auswerten - Bereiche der Sprachkritik benennen - Formen der Sprachkritik bewerten - die Textsorte Sprachglosse definieren - Phänomene des historischen Sprachwandels kennen	Unterrichtsgespräch Einzelarbeit Partnerarbeit Gruppenarbeit	3 Stunden (= 135 min)
III	**Einfluss der Neuen Medien auf die Sprache**	Themenheft: Seite 33–37	- unterschiedliche mediale Textsorten und ihre sprachliche Besonderheiten kennen und beschreiben - das eigene kommunikative Verhalten reflektieren - mediale und konzeptionelle Mündlichkeit bzw. Schriftlichkeit erarbeiten - einen Auszug aus einer Kurzgeschichte interpretieren	Unterrichtsgespräch Partnerarbeit	2 Stunden (= 90 min)
IV	**Mediales Handeln**	Themenheft: Seite 40–53	- eine Karikatur beschreiben und deuten - das eigene Internetnutzungsverhalten reflektieren und deuten - eine tabellarische Übersicht auswerten - Daten durch eine Umfrage erheben, die Ergebnisse auswerten und darstellen - sich über Vor- und Nachteile der neuen medialen Kommunikationsformen informieren - eine Abbildung in Bezug zu einem Text setzen	Unterrichtsgespräch Einzelarbeit Partnerarbeit Gruppenarbeit	3 Stunden (= 135 min)
	Teilmodul 1: Jugendliche und das Netz	Themenheft: Seite 40–45 *KV 5: Einen Sachtext untersuchen*			
	Teilmodul 2: Mediales Handeln	Themenheft: Seite 46–53			

Modul	Thema	Material	Kompetenzen	Sozialform	Zeitbedarf
V	**Medienwandel**	Themenheft: Seite 54–61	– diskontinuierliche Texte auswerten und in Bezug zu Sachtexten setzen – Entwicklungsstufen der modernen Massenkommunikation erfassen – die 3. Kommunikationsrevolution erschließen und bewerten – den Wandel der Medien kritisch reflektieren	Unterrichtsgespräch Einzelarbeit Partnerarbeit Gruppenarbeit	4 Stunden (= 180 min)
VI	**Medienkritik**	Themenheft: Seite 62–71 (Themenheft: Schreibtraining, Seite 106–111)	– unterschiedliche Aspekte der Medienkritik erfassen und benennen – einen Bezug zwischen einer Karikatur und Texten herstellen – Medienkritik als historische Konstante erkennen	Unterrichtsgespräch Einzelarbeit Partnerarbeit Gruppenarbeit	3 Stunden (= 135 min)
VII	**Jugendliche und das Medium Buch**	Themenheft: Seite 74–79 *KV 6: Umfrage zum Leseverhalten Jugendlicher durchführen*	– die eigene Lesesozialisation reflektieren – Bilder beschreiben und deuten – literarische und Sachtexte untersuchen – Daten durch eine Umfrage erheben, die Ergebnisse auswerten und darstellen – diskontinuierliche Texte analysieren – auf breiter Materialgrundlage einen Informationstext verfassen	Unterrichtsgespräch Einzelarbeit Partnerarbeit Gruppenarbeit	3 Stunden (= 135 min)
VIII	**Funktionen des Lesens**	Themenheft: Seite 80–83 *KV 7: Karikaturen zum Thema Lesen deuten*	– Karikaturen beschreiben – literarische Texte untersuchen, vergleichen und bewerten – unterschiedliche Funktionen von Lesen benennen	Unterrichtsgespräch Partnerarbeit Gruppenarbeit	2 Stunden (= 90 min)
IX	**Funktionen der Literatur**	Themenheft: Seite 84–87	– eigene Vorstellungen von Literatur klären – unterschiedliche Vorstellungen und Funktionen von Literatur diskutieren	Unterrichtsgespräch Partnerarbeit Gruppenarbeit	2 Stunden (= 90 min)
X	**Literatur und Lesen früher und heute**	Themenheft: Seite 88–95	– Vor- und Nachteile kanonischer Schullektüre erörtern – Veränderungen in der Lesekultur, bedingt durch die elektronischen Medien, erkennen und diskutieren – Aufgabenfelder der empirischen Leseforschung kennen	Unterrichtsgespräch Partnerarbeit Gruppenarbeit	4 Stunden (= 180 min)
XI	**Literatur und elektronische Medien**	Themenheft: Seite 96–103	– die neuen Möglichkeiten, die sich Schriftstellern und Publikum durch die Neuen Medien eröffnen, erkennen – einen literarischen Text untersuchen – eine literarische Figur charakterisieren – eine Literaturverfilmung mit der Buchvorlage vergleichen – das Verhältnis von Buch und Film diskutieren	Unterrichtsgespräch Partnerarbeit Gruppenarbeit	3 Stunden (= 135 min)

Übersicht über die Unterrichtseinheit

Minimalplan

Modul	Thema	Material	Kompetenzen	Sozialform	Zeitbedarf
I	**Innere Mehrsprachigkeit und Sprachvarietäten**	Themenheft: Seite 6–22	– Sprachvarietäten erkennen und benennen – sprachwissenschaftliches Fachvokabular richtig anwenden – das Konzept der inneren Mehrsprachigkeit erarbeiten – eine Sprachvarietät genauer erarbeiten – theoretische Modelle der Sprachwissenschaft kennen – anspruchsvolle grafische Modelle der Sprachwissenschaft untersuchen und vergleichen	Unterrichtsgespräch Einzelarbeit Partnerarbeit Gruppenarbeit	4 Stunden (= 135 min)
	Teilmodul 1: Innere Mehrsprachigkeit und Sprachvarietäten	Themenheft: Seite 6–9 *KV 2: Eine Argumentation prüfen (fakultativ)*			
	Teilmodul 2: Varietäten – Kiezdeutsch	Themenheft: Seite 10–17			
	Teilmodul 5: Das Konzept der inneren Mehrsprachigkeit	Themenheft: Seite 20–22			
II	**Sprachwandel und Sprachkritik**	Themenheft: Seite 26–28 Themenheft: Seite 30–32	– Abbildungen auswerten – Bereiche der Sprachkritik benennen – Formen der Sprachkritik bewerten – die Textsorte Sprachglosse definieren – Phänomene des historischen Sprachwandels kennen	Unterrichtsgespräch Partnerarbeit Gruppenarbeit	2 Stunden (= 90 min)
III	**Einfluss der Neuen Medien auf die Sprache**	Themenheft: Seite 35–37	– unterschiedliche mediale Textsorten kennen – die sprachlichen Besonderheiten dieser Textsorten erkennen und beschreiben – die sprachliche Gestaltung medialer Textformen untersuchen – die Begriffe mediale und konzeptionelle Mündlichkeit bzw. Schriftlichkeit erarbeiten – einen Auszug aus einer Kurzgeschichte interpretieren	Unterrichtsgespräch Partnerarbeit	1 Stunde (= 45 min)
IV	**Mediales Handeln**	Themenheft: Seite 41–45 Themenheft: Seite 48–51	– eine Karikatur beschreiben und deuten – das eigene Internetnutzungsverhalten reflektieren und deuten – eine tabellarische Übersicht auswerten – Daten durch eine Umfrage erheben, die Ergebnisse auswerten und darstellen – sich über Vor- und Nachteile der neuen medialen Kommunikationsformen informieren – eine Abbildung in Bezug zu einem Text setzen	Unterrichtsgespräch Partnerarbeit Gruppenarbeit	2 Stunden (= 90 min)
V	**Medienwandel**	Themenheft: Seite 54 Themenheft: Seite 57–59	– Tabellen und Grafiken auswerten und in Bezug zu einem Sachtext setzen – die verschiedenen Stufen im Wandel der modernen Massenkommunikation erfassen – die Bedeutung der 3. Kommunikationsrevolution erkennen und beschreiben – den Wandel der Medien kritisch reflektieren	Unterrichtsgespräch Partnerarbeit Gruppenarbeit	2 Stunden (= 90 min)

Modul	Thema	Material	Kompetenzen	Sozialform	Zeitbedarf
VI	**Medienkritik**	Themenheft: Seite 62–64 (Themenheft: Schreibtraining, Seite 106–111) Themenheft: Seite 67–71	- unterschiedliche Aspekte der Medienkritik erfassen und benennen - einen Bezug zwischen einer Karikatur und Texten herstellen - Medienkritik als historische Konstante kennenlernen	Unterrichtsgespräch Partnerarbeit Gruppenarbeit	2 Stunden (= 90 min)
VII	**Jugendliche und das Medium Buch**	Themenheft: Seite 74 Themenheft: Seite 78–79	- die eigene Lesesozialisation reflektieren - Daten durch eine Umfrage erheben, die Ergebnisse auswerten und darstellen - diskontinuierliche Texte erfassen und analysieren - einen zusammenfassenden Informationstext verfassen	Unterrichtsgespräch Partnerarbeit Gruppenarbeit	2 Stunden (= 90 min)
VIII	**Funktionen des Lesens**	Themenheft: Seite 80 und 83 *KV 7: Karikaturen zum Thema Lesen deuten*	- Karikaturen beschreiben - literarische Texte vergleichen und bewerten - unterschiedliche Funktionen von Lesen benennen - einem Sachtext Informationen entnehmen	Unterrichtsgespräch Gruppenarbeit	1 Stunde (= 45 min)
IX	**Funktionen der Literatur**	Themenheft: Seite 85 f.	- eigene Vorstellungen von Literatur klären - unterschiedliche Vorstellungen und Funktionen von Literatur diskutieren	Unterrichtsgespräch Partnerarbeit Gruppenarbeit	1 Stunde (= 45 min)
X	**Literatur und Lesen früher und heute**	Themenheft: Seite 88–89 Themenheft: Seite 92–93	- Vor- und Nachteile kanonischer Schullektüre erörtern - Veränderungen in der Lesekultur, bedingt durch die elektronischen Medien, erkennen und diskutieren - Aufgabenfelder der empirischen Leseforschung kennen	Unterrichtsgespräch Partnerarbeit Gruppenarbeit	2 Stunden (= 90 min)
XI	**Literatur und elektronische Medien**	Themenheft: Seite 96–97 Themenheft: Seite 100–103	- die neuen Möglichkeiten, die sich Schriftstellern und Publikum durch die Neuen Medien eröffnen, erkennen - einen literarischen Text untersuchen - eine literarische Figur charakterisieren	Unterrichtsgespräch Partnerarbeit Gruppenarbeit	2 Stunden (= 90 min)

In jedem Unterrichtsmodul wird – neben der Erarbeitung inhaltlicher Bereiche – das Erschließen und Erörtern pragmatischer Texte geübt. Entsprechende Aufgaben sind im Themenheft durch ein Ausrufezeichen hervorgehoben.
In jedem Teilmodul werden – je nach Textlage – folgende Kompetenzen geübt:

- einem Text Informationen entnehmen
- den Argumentationsgang eines Textes untersuchen
- den Standpunkt des Verfassers darlegen
- die sprachliche Gestaltung von Texten untersuchen
- Zusammenhang zwischen sprachlicher Gestaltung und Textform darlegen
- Schlussfolgerungen aus Texten ziehen
- Textaussagen und -intentionen ermitteln und kritisch bewerten (erörtern)
- Aussagen unterschiedlicher Texte aufeinander beziehen

Eine Argumentation untersuchen und bewerten (Heike Wiese: Jugenddialekt Kiezdeutsch)

1 Beziehen Sie die angegebenen Zitate jeweils auf die übergeordneten Behauptungen Heike Wieses. Prüfen Sie kritisch, ob die Zitate die übergeordneten Behauptungen belegen oder diesen widersprechen.

A) Übergeordnete Behauptung Wieses:

Ob jemand Kiezdeutsch spricht, hängt von der sozialen Herkunft ab.

Zitat 1:

Alle Jugendlichen in Kreuzberg [sprechen] Kiezdeutsch – unabhängig von ihrer Ein- oder Mehrsprachigkeit, ihrer deutschen, türkischen oder arabischen Herkunft.

Zitat 2:

Ich sage nicht, dass jemand, der Kiezdeutsch spricht, das Standarddeutsch der Mittelschicht problemlos beherrscht.

B) Übergeordnete Behauptung Wieses:

Es gibt keine guten oder schlechten Sprecher des Deutschen, sofern die Sprecher in Deutschland geboren sind.

Zitat 1:

Wenn ich Kiezdeutsch spreche, heißt das auch nicht, dass ich keine andere Variante des Deutschen beherrsche.

Zitat 2:

Ich sage nicht, dass jemand, der Kiezdeutsch spricht, das Standarddeutsch der Mittelschicht problemlos beherrscht.

C) Übergeordnete Behauptung Wieses:

Kiezdeutsch ist kein Ethnolekt.

Zitat 1:

Ein Wort wie „Moruk“ (türkisch für „Alter“, die Red.) würde aber auch von denen nicht jeder verwenden.

Zitat 2:

Beim Kiezdeutsch haben wir außerdem viele Jugendliche, die mehrsprachig sind, mit Migrationshintergrund.

Zitate aus: Interview mit Heike Wiese: Jugenddialekt Kiezdeutsch, in: Süddeutsche Zeitung vom 8. Februar 2012. (Das Interview führte Marc Felix Serrao.)

© Ernst Klett Verlag GmbH, Stuttgart 2013 | www.klett.de | ISBN 978-3-12-352484-4
Alle Rechte vorbehalten. Von dieser Druckvorlage ist die Vervielfältigung für den eigenen Unterrichtsgebrauch gestattet. Die Kopiergebühren sind abgegolten.

NAME:

DATUM / KURS:

2 Schreiben Sie aus dem Interviewtext diejenigen Ausdrücke oder Textstellen heraus, die das Kiezdeutsche – auch indirekt – werten. Ergänzen Sie dazu die Tabelle. Diskutieren Sie anschließend Ihr Arbeitsergebnis.

Negative Wertungen des Kiezdeutschen	Positive Wertungen des Kiezdeutschen
– einsickern	– nicht exotisch – Das wäre schön. Wobei: nicht einsickern

© Ernst Klett Verlag GmbH, Stuttgart 2013 | www.klett.de | ISBN 978-3-12-352484-4
Alle Rechte vorbehalten. Von dieser Druckvorlage ist die Vervielfältigung für den eigenen Unterrichtsgebrauch gestattet. Die Kopiergebühren sind abgegolten.

NAME:

DATUM / KURS:

Eine Argumentation prüfen (Helmut Glück: Sachtemang mit dit Kiezdeutsche)

Info

Eine **Argumentation** besteht aus mindestens zwei Teilen:

– **These** (vom griechischen Verb für „setzen, aufstellen"): eine Behauptung, Meinung oder Forderung (z. B. Behauptung: „'Kiezdeutsch' ist kein Soziolekt.").

– **Argument** (vom lateinischen Verb für „erhellen, beweisen"): die Begründung, der Grund, die Ursache für die These; These und Argument können auch ein Satzgefüge bilden (z. B. „‚Kiezdeutsch' ist kein Soziolekt, weil Soziolekte nicht auf eine bestimmte Altersgruppe beschränkt sind.").

– **Beispiel:** Während Argumente Thesen stützen, stützen oder untermauern Beispiele Argumente. Beispiele für ein Argument können wissenschaftliche Untersuchungen oder allgemeine und persönliche Erfahrungen sein. Belege haben oft die Form eines Zitats und verweisen auf eine vergleichbare Situation (z. B. „Beispiele für Soziolekte sind etwa Missingsch in Hamburg oder das Ruhrdeutsche.").

Beachten Sie: Nicht immer ist die Argumentation vollständig, sondern muss gedanklich vervollständigt werden (z. B.: „‚Kiezdeutsch' ist kein Soziolekt, weil Soziolekte nicht auf eine bestimmte Altersgruppe beschränkt sind [gedanklich zu ergänzen:] und ‚Kiezdeutsch' nur von Jugendlichen gesprochen wird.").

1 Nennen Sie die Gründe, die Helmut Glück dafür anführt, dass Heike Wieses Darstellung mit Blick auf die Dialektbestimmung (sowohl des Kiezdeutschen wie des Hochdeutschen) falsch ist.

Wieses Dialektbestimmung ist falsch (= These), weil:

Argument 1:

Argument 2:

Argument 3:

2 Auch im weiteren Verlauf des Textes erwähnt Helmut Glück mehrfach fachliche Mängel der Arbeit von Heike Wiese.
Ergänzen Sie die folgende Übersicht zu den von Glück genannten fachlichen Mängeln der Arbeit von Wiese.
Beachten Sie, dass nicht immer eine Begründung angegeben sein muss.

	Behauptung	Begründung
1	Heike Wieses Arbeit ist empirisch schwach.	
2		Die Tatsache, dass das Kiezdeutsche eine Grammatik und einen Wortschatz besitzt, trifft auf alle sprachlichen Äußerungen zu.

Klett
© Ernst Klett Verlag GmbH, Stuttgart 2013 | www.klett.de | ISBN 978-3-12-352484-4
Alle Rechte vorbehalten. Von dieser Druckvorlage ist die Vervielfältigung für den eigenen Unterrichtsgebrauch gestattet. Die Kopiergebühren sind abgegolten.

NAME:

DATUM / KURS:

	Behauptung	Begründung
3		
4		
5		

3 Bewerten Sie das Fehlen einer Begründung in der Argumentation (vgl. Aufgabe 2).

4 Die ganze Argumentation (vgl. Aufgabe 3) dient zugleich dem Beleg einer nicht direkt ausgesprochenen Behauptung Glücks, d. h. einer impliziten These. Formulieren Sie in eigenen Worten diese These.

5 Glück selbst bestimmt Kiezdeutsch als „transitorische Sondersprache".
Vervollständigen Sie dazu die folgenden Argumente.

A) Kiezdeutsch ist transitorisch, weil

B) Kiezdeutsch ist Sondersprache, weil

6 Bewerten Sie die Argumentation Glücks mithilfe der Aussagen im Infokasten.

© Ernst Klett Verlag GmbH, Stuttgart 2013 | www.klett.de | ISBN 978-3-12-352484-4
Alle Rechte vorbehalten. Von dieser Druckvorlage ist die Vervielfältigung für den eigenen Unterrichtsgebrauch gestattet. Die Kopiergebühren sind abgegolten.

NAME:
DATUM / KURS:

Sprachskepsis um 1900 kennenlernen

Info

Um 1900 wird in den verschiedenen Gegenbewegungen zum Naturalismus eine tiefe Sprachskepsis bei Schriftstellern und Philosophen deutlich. Im Gegensatz zu den Naturalisten zweifelte man daran, dass Wirklichkeit erfassbar und mithilfe der Sprache dargestellt werden könne, und vertrat dagegen die Auffassung, Wahrheit könne nur durch innere Erfahrung erfühlt werden. Auch die traditionelle Aufgabe der Sprache als Mittel der Kommunikation wird fragwürdig. Insbesondere die Dichter des Jungen Wien, vor allem Rainer Maria Rilke und Hugo von Hofmannsthal, meinen, eine „höhere Wahrheit" lasse sich nur durch eine poetische Sprache formulieren.

1 Lesen Sie das folgende Gedicht von Rainer Maria Rilke und stellen Sie dar, weshalb sich der Sprecher im Gedicht „vor der Menschen Wort" fürchtet.

Rainer Maria Rilke: Ich fürchte mich so vor der Menschen Wort

Ich fürchte mich so vor der Menschen Wort.
Sie sprechen alles so deutlich aus:
Und dieses heißt Hund und jenes heißt Haus,
und hier ist Beginn und das Ende dort.

Mich bangt auch ihr Sinn, ihr Spiel mit Spott,
sie wissen alles, was wird und war;
kein Berg ist ihnen mehr wunderbar;
ihr Garten und Gut grenzt grade an Gott.

Ich will immer warnen und wehren: Bleibt fern.
Die Dinge singen hör ich so gern.
Ihr rührt sie an: sie sind starr und stumm.
Ihr bringt mir alle die Dinge um.

Rainer Maria Rilke: Die Gedichte, Frankfurt a. M.: Insel Verlag 1993, S. 188 f.

Hugo von Hofmannsthal: Ein Brief:

Es wurden mir auch im familiären und hausbackenen Gespräch alle die Urteile, die leichthin und mit schlafwandelnder Sicherheit abgegeben zu werden pflegen, so bedenklich, dass ich aufhören musste, an solchen Gesprächen irgend teilzunehmen.

Mit einem unerklärlichen Zorn, den ich nur mit Mühe notdürftig verbarg, erfüllte es mich, dergleichen zu hören wie: diese Sache ist für den oder jenen gut oder schlecht ausgegangen; Sheriff N. ist ein böser, Prediger T. ein guter Mensch; Pächter M. ist zu bedauern, seine Söhne sind Verschwender; ein anderer ist zu beneiden, weil seine Töchter haushälterisch sind; eine Familie kommt in die Höhe, eine andere ist am Hinabsinken. Dies alles erschien mir so unbeweisbar, so lügenhaft, so löcherig wie nur möglich.

Hugo von Hofmannsthal: Ein Brief, aus: Lesebuch der Jahrhundertwende, Prosa aus den Jahren 1889 bis 1908, ausgewählt von Klaus Schöffling, Frankfurt a. M.: Insel Verlag 1987, S. 247–260

2 Diskutieren Sie am Beispiel des Satzes „Prediger T. ist ein guter Mensch"

a) welche Schwierigkeiten sich bei der Bestimmung seines Wahrheitsgehaltes geben

b) welche Beziehung der Satz zur Wirklichkeit hat

c) ob er in einer konkreten Sprachsituation (Person A unterhält sich mit Person B über den Prediger T.) ein taugliches Mittel zur Verständigung darstellt.

3 Recherchieren Sie zu Hofmannsthals „Ein Brief" (auch: „Brief des Lord Chandos an Francis Bacon" oder „Chandos-Brief" genannt) im Internet und erläutern Sie die Bedeutung des „Briefs" für die Lyrik des 20. Jahrhunderts.

Klett

© Ernst Klett Verlag GmbH, Stuttgart 2013 | www.klett.de | ISBN 978-3-12-352484-4
Alle Rechte vorbehalten. Von dieser Druckvorlage ist die Vervielfältigung für den eigenen Unterrichtsgebrauch gestattet. Die Kopiergebühren sind abgegolten.

NAME:

DATUM / KURS:

Sprachliche Tendenzen des heutigen Deutsch bewerten

1 Kreuzen Sie an, ob Ihnen die folgenden Sätze sprachlich nicht akzeptabel, umgangssprachlich (mündlich) akzeptabel oder standardsprachlich korrekt erscheinen.

Beachten Sie: Es geht hierbei nicht um Ihr Grammatik- bzw. Sprachwissen, sondern ausschließlich um Ihr Sprachgefühl.

Abkürzungen:

nicht akz. = sprachlich nicht akzeptabel
ugs. akz. = umgangssprachlich akzeptabel
stspr. korr. = standardsprachlich korrekt

	Beispielsätze	**nicht akz.**	**ugs. akz.**	**stspr. korr.**
A	Ich bin gerade am Lernen.			
B	Das Geschäft hat geöffnet.			
C	Ich habe das vergessen gehabt.			
D	Das ist das Auto von meinem Vater.			
E	Sie sprachen über die Funktionen von Lesen.			
F	Die Regierung erwartet eine schrittweise Zunahme des Wachstums.			
G	Wir tun das später noch überlegen.			
H	Wir gehen ein lecker Eis essen.			
I	Maxi, ess jetzt endlich deinen Teller leer!			
J	Er ist schon weg, weil er hatte keine Zeit mehr.			
K	Sie hörten erstmals das Orchester unter diesem Dirigent.			
L	Mit sone Verrückten wollten sie nichts zu tun haben.			
M	Die Jungens waren alle seine Kumpels.			
N	Die Schüler sind hier doch mehr fleißig als in England.			
O	Er fuhr einen großen Vorsprung auf seine Verfolger heraus.			
P	Der Regisseur wollte den Film unbedingt machen.			
Q	Es geht nicht um Versprechungen, aber darum, das Vertrauen wieder zu gewinnen.			
R	Man muss ja nicht gleich das Kind mit dem Bade ausgießen.			

© Ernst Klett Verlag GmbH, Stuttgart 2013 | www.klett.de | ISBN 978-3-12-352484-4
Alle Rechte vorbehalten. Von dieser Druckvorlage ist die Vervielfältigung für den eigenen Unterrichtsgebrauch gestattet. Die Kopiergebühren sind abgegolten.

NAME:
DATUM / KURS:

Einen Sachtext untersuchen

Clemens Latzel: Verwahrlost im Virtuellen (2011)

Laut einer Studie des Bundesministeriums für Gesundheit sind bundesweit insgesamt 560.000 Menschen internetsüchtig. Besonders junge Menschen sind betroffen.

„Das Internet? Gibt's den Blödsinn immer noch?", fragte Homer Simpson einst in der bekannten Zeichentrickserie. Eine Antwort erübrigt sich, das Internet ist aus dem Alltag der meisten Menschen nicht mehr wegzudenken. Was einst mit Mails begann, ist längst zum universellen Informationsmedium geworden und – von klobigen Kästen in muffigen Zimmern entbunden – in immer mehr Hosentaschen auf Wanderungen wie Strandspaziergängen dabei. Es war nur eine Frage der Zeit, bis sich auch die Drogenbeauftragten der Bundesregierung, Mechthild Dyckmans, des Massenphänomens annehmen würde.

Nun hat sie am Montag die erste repräsentative Studie zur „Prävalenz der Internetabhängigkeit" vorgestellt, welche die Universitäten Lübeck und Greifswald im Auftrag des Bundesgesundheitsministeriums erstellt haben. Die Ergebnisse sind weniger erschütternd, als sie wohl von der Drogenbeauftragten, Mitglied der FDP und der Generation „60 plus", erwartet worden waren. Nur etwa ein Prozent der 14 bis 64 Jahre alten Menschen in Deutschland werden von der Studie als internetabhängig eingestuft, das entspricht rund 560 000 Menschen. Die bislang gültige Schätzung ging noch von 3,2 Prozent Internetsüchtigen aus. Weitere 4,6 Prozent der Altersgruppe werden von der Studie als „problematische Internetnutzer" angesehen.

Mädchen nutzen soziale Netzwerke exzessiv

Doch was unterscheidet Menschen, die ihren Alltag vom morgendlichen Bahnticket bis zum Abendessen nicht mehr ohne das Internet organisieren können, von denjenigen, um die sich die Drogenbeauftragte sorgt? Als internetsüchtig definiert die Studie Personen, die fast nur noch in der virtuellen Welt des Internets leben und die Kontrolle darüber verlieren, wie viel Zeit sie dort verbringen. Sie leiden unter Entzugserscheinungen wie Missstimmung, Angst, Reizbarkeit oder Langeweile, wenn sie nicht online sind. Sie nutzen das Internet, um schlechten Gefühlszuständen zu entrinnen und nehmen dabei auch negative Konsequenzen in Kauf. Schließlich gehen sie nicht mehr zur Arbeit oder zur Schule, vernachlässigen soziale Kontakte und verwahrlosen teilweise sogar körperlich. Wenn mehrere dieser Kriterien gleichzeitig vorliegen, geht die Studie von Internetabhängigkeit aus. Es handelt sich also um Personen, die die Balance zwischen Realität und Virtualität zu verlieren drohen oder verloren haben.

Auffällig ist, dass 4,9 Prozent der 14 bis 16 Jahre alten Mädchen, aber nur 3,1 Prozent der ebenso alten Jungen internetabhängig sind. 77,1 Prozent dieser Mädchen nutzen soziale Netzwerke im Internet, nur 7,2 Prozent Onlinespiele. Hingegen nutzen nur 64,8 Prozent der internetabhängigen Jungen soziale Netzwerke, aber 33,6 Prozent Onlinespiele. „Wir vermuten, dass Mädchen und junge Frauen besonders empfänglich sind für die Bestätigungen, die man in sozialen Netzwerken findet, und dadurch auch eher eine Abhängigkeit entwickeln können", sagt Hans-Jürgen Rumpf von der Universität Lübeck. Die Drogenbeauftragte fordert „zielgenaue Präventionsarbeit" und hat schon die nächste Studie in Auftrag gegeben.

Zitiert nach: http://www.faz.net/aktuell/technik-motor/computer-internet/jugend-und-das-internet-surfen-macht-schlau-1758040.html (eingesehen am 13.07.12)

1 Nennen Sie die wichtigsten Ergebnisse der Studie zur „Prävalenz der Internetabhängigkeit".

2 Die Studie basiert auf Befragungen in der Altersgruppe der 14- bis 64-Jährigen. Nehmen Sie kritisch Stellung zu dem gewählten Bevölkerungsausschnitt.

3 Entwerfen Sie aus den im Text genannten Kriterien für Internetsucht einen Fragebogen und führen Sie an Ihrer Schule eine anonyme Umfrage durch. Werten Sie die Umfrage aus und stellen Sie die wichtigsten Ergebnisse grafisch dar.

© Ernst Klett Verlag GmbH, Stuttgart 2013 | www.klett.de | ISBN 978-3-12-352484-4
Alle Rechte vorbehalten. Von dieser Druckvorlage ist die Vervielfältigung für den eigenen Unterrichtsgebrauch gestattet. Die Kopiergebühren sind abgegolten.

NAME:

DATUM / KURS:

Karikaturen zum Thema Lesen deuten

Cartoon: Dave Carpenter, Bath

Cartoon: Tony Neat, Bath

© Ernst Klett Verlag GmbH, Stuttgart 2013 | www.klett.de | ISBN 978-3-12-352484-4
Alle Rechte vorbehalten. Von dieser Druckvorlage ist die Vervielfältigung für den eigenen Unterrichtsgebrauch gestattet. Die Kopiergebühren sind abgegolten.

NAME:

DATUM / KURS:

Klausurvorschlag für die Lehrkraft

Erörterndes Erschließen pragmatischer Texte

Nadja Schlüter: Daumen hoch! (2012)

Der Like-Button gilt manchen als Beweis für stupides Mitläufertum im Web. Dabei ist er oft Anstoß zu einer eigenen Meinung und macht auch Kritik besser und schneller.

Es geht zu Ende mit uns! Wir werden bis an unser Lebensende abgestumpft im Internet surfen, können bald keine Sätze mehr zustande bringen, die aus mehr als 140 Zeichen bestehen, und vor allem verlieren wir gerade die Fähigkeit, selbstständig zu denken. „Once there was something called a point of view", schreibt Neil Strauss im *Wall Street Journal* und fährt fort mit dem Abgesang auf die eigene Meinung. Als das Internet erstmals öffentlich genutzt werden konnte, da sei es eine Welt gewesen, beherrscht von Leidenschaft, Kreativität, Innovation und der Freiheit der Information. Doch nun gehe es nur noch darum, Anerkennung und Zustimmung zu sammeln und gut zu finden, was viele gut finden. Schuld daran sei der kleine Button mit dem Daumen nach oben. Schuld daran sei die „Like-Kultur".

Der Like-Button, der auf der Webseite „FriendFeed" zum ersten Mal auftauchte und dann von Facebook übernommen wurde, wird gerne als Beweis für die Verdummung der Internetmasse angeführt. Er steht dabei oft symbolisch für jede Ein-Klick-Geste, „die kleinste Einheit online bewusst ausgeführter Tätigkeit", wie sie Marcel Weiss auf neunetz.com definiert. Man kann mit einem Klick „gefällt mir" sagen, einen Tweet favorisieren oder einem Text auf jetzt.de einen Lesenswertpunkt geben. Man kann auch über die reine Bestätigung hinausgehen und mit nur einem Klick den Status oder den Tweet einer anderen Person teilen und damit an die eigenen Freunde und Follower weiterreichen. Der Like-Button, vor allem der auf externen Webseiten eingebettete, ist aus Datenschutzgründen kritisch zu sehen, keine Frage: Die Angst vor dem Meinungseinheitsbrei und dem Verlust des eigenen Kopfes im Internet aber hat mit Datenschutz nichts zu tun. Sie ist reiner Kulturpessimismus. Und zeugt einmal mehr davon, dass internetaffinen jungen Menschen nicht zugetraut wird, kompetent mit ihrem Medium umzugehen.

Die größte Angst, die Strauss in seinem Text formuliert, ist die vor einer Tendenz der Nutzer, ihre Online-Äußerungen an den Geschmack der Masse anzupassen, um möglichst viele „Likes" abzustauben. Er befürchtet, der Like-Button löse einen Zwang zum Konformismus aus. Am besten lässt sich Angst vor schlechtem Online-Einfluss immer mit Realitätsvergleich entschärfen. Wer sich über allzu sehr auf die Peer-Group zugeschnittene Statusmeldungen anderer beklagt, der sollte am besten abends mit Freunden in eine Bar gehen. Dort wird er seinen Freunden den Witz erzählen, von dem er glaubt, dass die meisten ihn lustig finden. Er wird ein Thema ansprechen, das ihn interessiert und von dem er glaubt, dass es die meisten anderen ebenfalls interessiert – und vor allem, dass die meisten dazu etwas zu sagen haben. Er passt sich an. Ohne sich oder seine eigene Meinung aufzugeben. Und ja, vielleicht sucht er auch Bestätigung, abends in der Bar und im Internet. Aber erstens ist das nichts Verwerfliches und zweitens bekommt man nicht selten für eigene und originelle Ideen und Ansichten mehr Anerkennung als für konformistisches und opportunistisches Geplaudere. Wenn man bei Facebook etwas postet, das weniger harmlos ist als das Foto eines Sonnenuntergangs, dann wird es immer jemanden geben, der es gut findet, aber auch immer jemanden, der dagegen ist. In einem Raum mit so lebhaftem Austausch und so vielen Partizipanten wie dem Internet, ist es kaum möglich, sich immer so zu äußern, dass es allen in den Kram passt. Und wenn man sich zu sehr darum bemüht, ist die Zuschauermenge zu groß, als dass es nicht irgendwem auffallen würde, der es dann anmerkt.

Wahrscheinlich richtet sich Strauss' Angst aber nicht nur auf die harmlosen Statusmeldungen, Fotos und Filme, sondern auch auf die durch massenweises „Gefällt mir"-Klicken (meist in Verbindung mit der Weiterverbreitung) ausgelösten Hypes. Die besten Beispiele dafür sind das Gotye-Cover von „Walk off the Earth" und die Kampagne „Kony2012" gegen den ugandischen Kriegsverbrecher Joseph Kony. Beide Filme wurden auf YouTube sehr oft angeschaut und geteilt, vor allem aber auch sehr oft mit „Like" bedacht. Ab einer bestimmten Anzahl von Klicks gab es sicher einen gewissen Mitläufer-Effekt. „So viele Menschen haben das angeschaut und bewertet", denkt man, wenn man eine große Zahl neben dem Daumen nach oben sieht, „irgendetwas muss doch dran sein." Aber irgendwas ist ja auch an RTL und Bon Jovi dran, immerhin haben beide viele Fans und Anhänger. Trotzdem macht sich niemand Sorgen, dass deswegen alle Bon Jovi und RTL gut finden, ohne vorher drüber nach-zudenken. Viele Likes für eine Sache bilden keine Volksverdummung ab – sondern lediglich den

© Ernst Klett Verlag GmbH, Stuttgart 2013 | www.klett.de | ISBN 978-3-12-352484-4
Alle Rechte vorbehalten. Von dieser Druckvorlage ist die Vervielfältigung für den eigenen Unterrichtsgebrauch gestattet. Die Kopiergebühren sind abgegolten.

NAME:

DATUM / KURS:

Mainstream. Die Menschen waren auch vorher schon für niedliche Katzen und reißerische Kampagnen zu gewinnen. Jetzt geht deren Siegeszug bloß schneller vonstatten und erreicht noch mehr von ihnen, die Zustimmung ist durch die Ein-Klick-Geste niederschwelliger angelegt und vor allem wird die Resonanz für alle sichtbar abgebildet. Die großen Zahlen, die dadurch entstehen („800.000 Likes“, „1.000.000 Views“) machen vielen anscheinend Angst. Weil sich nie zuvor so viele Menschen an einem Ort versammelt haben. Weil diese Größendimension neu ist.

Deswegen ist sie aber noch lange nicht gefährlich und auch kein Weg in die Monokultur. Das Internet reguliert sich selbst. Weil seine Nutzer es zu nutzen wissen. Nirgendwo ist es einfacher, einen Massenkult zu enttarnen, als im Internet. Welches Video wurde nach Erreichen des Kultstatus belächelt und Anlass für andere, satirische Videos? Das Gotye-Cover von „Walk off the Earth“. Welche Kampagne wurde auf Herz und Nieren geprüft und von allen Seiten beleuchtet? Kony2012. Alles, was online eine starke Reaktion auslöst, löst auch eine starke Gegenreaktion aus. Es regt Diskussionen an, es fördert Hunderte verschiedene Standpunkte zutage. An der Diskussionskultur im Netz muss zwar gearbeitet werden, um zu vermeiden, dass einer, um den die Diskussion kreist, am Ende durchdreht und nackt durch die Straße läuft, aber das ist eine andere Baustelle. Tatsache ist: Der Schwarm hat vielleicht nicht immer recht. Aber durch die Ein-Klick-Geste wird er zumindest revolutionär demokratisch abgebildet. Jeder kann sehen, auf was besonders viele Menschen anspringen. Und jeder, der etwas, das starken Zuspruch hat, kritisch sieht, kann das kommunizieren. Nur: Er muss es auch tun. Oft wurde das Fehlen eines „Dislike-Buttons“ auf Facebook bemängelt. Dass es ihn nicht gibt, bildet aber die Wirklichkeit ab: Ja sagen ist leicht. Nein sagen ist schwieriger. Aber es war nie einfacher als heute. Und wer es wagt, wird viele finden, die dafür wieder den Like-Button drücken.

Aus: Süddeutsche Zeitung, Nr. 94, 23. April 2012. Zitiert nach: http://jetzt.sueddeutsche.de/texte/anzeigen/545066 (eingesehen am 29.05.2013)

1 Analysieren Sie den Text „Daumen hoch!“ von Nadja Schlüter. Erläutern Sie dabei den Bezug des Titels zum Text.

2 Erörtern Sie, ob aus Ihrer Sicht die „Like-Kultur“ im Internet Ausdruck eines „nützlichen Bewertungsmittels“ oder „Beweis eines stupiden Mitläufertums“ ist. Gehen Sie dabei auf den übergeordneten Zusammenhang ein, in dem der Artikel steht.

Klett
© Ernst Klett Verlag GmbH, Stuttgart 2013 | www.klett.de | ISBN 978-3-12-352484-4
Alle Rechte vorbehalten. Von dieser Druckvorlage ist die Vervielfältigung für den eigenen Unterrichtsgebrauch gestattet. Die Kopiergebühren sind abgegolten.

NAME:
DATUM / KURS:

Kriterienkatalog für die Bewertung

Name der Schülerin/des Schülers:			
Klausur Nr.:	Jahrgangsstufe:	Kurs:	______________, den

Teilleistungen – Kriterien

a) inhaltliche Lösung 1. Teilaufgabe:

	Anforderungen Die Schülerin/Der Schüler	Max.	Err. P.
1	**nennt** Autor, Textsorte, Titel und Entstehungsjahr des Textes.	2 (I)	
2	**benennt** das Thema und den Kontext des Textes (etwa): ☐ *Bewertung des Like-Buttons und der „Like-Kultur“* ☐ *Kontext: Kritik der gängigen Medienkritik*	4 (I)	
3	**fasst** wesentliche Textaussagen **zusammen.**	6 (I)	
4	**stellt** die Argumentation **dar** und **bewertet** sie (etwa): ☐ *Gegen die Position von Strauss (= „Like“-Kultur führe zu einem Meinungseinheitsbrei“ und dem „Verlust des eigenen Kopfes“) wird ein „Realitätsvergleich“ angestellt: Auch wenn man mit Freunden in einer Bar ist, wird man Themen von allgemeinem Interesse ansprechen und Bestätigung suchen. – Vergleich nicht zwingend, da die Autorin Strauss indirekt bestätigt: Auch unter Freunden in einer Bar würde Originalität und Nonkonformismus Anerkennung bringen.* ☐ *Der Mitläufereffekt bringe es mit sich, dass ab einer bestimmten Zuschauermenge auch Kritiker dabei seien. – Nachvollziehbarer Einwand, der allerdings wenig darüber aussagt, wie solche Kritik auf die Einheitsmeinung wirkt.* ☐ *Viele Links bilden lediglich einen Mainstream ab, und zwar „revolutionär demokratisch“.– Hier wird nur positiv formuliert, was Strauss negativ konnotiert als Meinungseinheitsbrei“ bezeichnet.*	6 (II)	
5	***erschließt*** *die Intention des Textes (vgl. hierzu auch Punkt 9):* ☐ *Autorin verteidigt die „Like-Kultur“* ☐ *Autorin kritisiert nebenbei Datenschutzmängel* ☐ *Autorin regt zu kritischen Kommentaren an*	6 (II)	
6	***beschreibt*** *die Sprache des Textes (etwa):* *Weitgehend unmarkierte Standardsprache (lediglich einige wenige Anglizismen und umgangssprachliche Ausdrücke); leicht verständlich – auch durch die Vergleiche.*	4 (II)	
7	***bezieht*** *den Titel auf den Text:* ☐ *„Daumen hoch“ als Beschreibung des Aussehens des Like-Buttons* ☐ *„Daumen hoch!“ zugleich als Ausdruck der positiven Bewertung des Buttons*	4 (II)	
	Teilsumme inhaltliche Lösung Aufgabe 1	**32**	

Klett
© Ernst Klett Verlag GmbH, Stuttgart 2013 | www.klett.de | ISBN 978-3-12-352484-4
Alle Rechte vorbehalten. Von dieser Druckvorlage ist die Vervielfältigung für den eigenen Unterrichtsgebrauch gestattet. Die Kopiergebühren sind abgegolten.

NAME:
DATUM / KURS:

b) inhaltliche Lösung 2. Teilaufgabe:

8	**erfasst** und **erläutert** den übergeordneten Zusammenhang, in dem der Artikel steht, (etwa): ☐ *Autorin sieht die Kritik an der „Like-Kultur“ als Ausdruck eines Kulturpessimus, der „einmal mehr davon [zeuge], dass internetaffinen jungen Menschen nicht zugetraut wird, kompetent mit ihrem Medium umzugehen“, d. h., sie will durch die Widerlegung der angeblich falschen Bewertung der „Like-Kultur“ die Kritik insgesamt entkräften* ☐ *über das Internet und seine jugendlichen Nutzer gibt es viele Vorurteile (unüberlegter Umgang mit Daten und Rechten, Realitätsverlust, …)* ☐ *Autorin spricht von den jungen Menschen und „ihrem Medium“: Fast alle Kritiker sind „digital immigrants“, die sich insgesamt schlechter in dem Medium auskennen als die von ihnen kritisierten Nutzer*	12 (II/ III)	
9	**nennt** und **wägt** Pro- und Kontra-Argumente gegeneinander **ab** (etwa): ☐ *Beweis eines stupiden Mitläufertums: Button verlangt keine Begründung, lässt also willkürliche Urteile zu* ☐ *Beweis eines stupiden Mitläufertums: das Fehlen eines „Dislike-Buttons“ zeigt, dass nicht nach Bewertung, sondern nach bloßer Zustimmung geheischt wird* ☐ *nützliches Bewertungsmittel: ist oft sehr hilfreich, wenn es nicht um Meinungen, sondern Erfahrungen geht (z. B. Bewertung von Händlern, Gaststätten, …)* ☐ *nützliches Bewertungsmittel: ist einfach in der Handhabung und beteiligt deshalb mehr Menschen an der Meinungsbildung*	18 (III)	
10	**begründet** die eigene Meinung nachvollziehbar (auch durch Beispiele aus der eigenen Erfahrungswelt).	8 (III)	
11	**nimmt** durch Zitate **Bezug** auf den Text und integriert diese in die eigene Argumentation.	10 (III)	
	Teilsumme inhaltliche Lösung Aufgabe 2	48	

c) Darstellungsleistung

1	strukturiert den Klausurtext kohärent, schlüssig und stringent.	4	
2	formuliert unter Beachtung der fachsprachlichen und fachmethodischen Anforderungen.	4	
3	zitiert korrekt.	3	
4	drückt sich allgemeinsprachlich präzise, stilistisch sicher und begrifflich differenziert aus.	3	
5	formuliert syntaktisch sicher, variabel und komplex (und zugleich klar).	3	
6	schreibt orthografisch richtig.	3	
	Gesamtsumme Darstellungsleistung	20	

d) Gesamtergebnis:

Summe a) und b) inhaltliche Lösung	80	
Summe c) Darstellungsleistung	20	
Summe a), b) und c)	100	

______________, den __________ Die Klausur wird mit der Note __________ bewertet.

Bemerkungen:

Klett
© Ernst Klett Verlag GmbH, Stuttgart 2013 | www.klett.de | ISBN 978-3-12-352484-4
Alle Rechte vorbehalten. Von dieser Druckvorlage ist die Vervielfältigung für den eigenen Unterrichtsgebrauch gestattet. Die Kopiergebühren sind abgegolten.

NAME:

DATUM / KURS:

Sachinformationen

1 Sprache

1.1 Innere Mehrsprachigkeit und Sprachvarietäten

Das Konzept der inneren Mehrsprachigkeit, demzufolge eine Sprache im Grunde aus zahlreichen Subsystemen (d.h. Varietäten) besteht, scheint auf den ersten Blick unproblematisch zu sein. Ein genauerer Blick offenbart dann zahlreiche Schwierigkeiten, denen man sich bei der Behandlung bewusst sein sollte:

1. Nicht alle Varietäten haben – und das in mehrfacher Hinsicht – denselben Status. So gilt zunächst, dass die Standardsprache gleichsam übergeordnet ist und selbst nicht nur unterschiedlich kodifiziert ist (der österreichische Standard ist ein anderer als der schweizerische oder der deutsche, obgleich es sich dabei nicht um Varietäten im engeren Sinne handelt), sondern auch ein breiteres funktionales Spektrum aufweist als die meisten anderen Varietäten (siehe dazu ausführlicher unter Punkt 3). Die Standardsprache ist zugleich über lange Zeit gewachsen und unterliegt – als direkte Folge der Kodifizierung – vergleichsweise wenigen sprachlichen Einflüssen von außen. Die beiden letztgenannten Merkmale treffen auch auf Dialekte zu. Den Stellenwert der Dialekte verdeutlicht schön ein sprachwissenschaftliches Bonmot: „Eine Sprache ist ein Dialekt mit einem stehenden Heer." Will heißen: Dass etwa das Niederländische (Nederlands) als eigene Sprache gilt, das Schwyzerdütsche oder Lëtzebuergesch dagegen nicht, hat keine sprachwissenschaftlichen Gründe und macht deutlich, dass Dialekte, salopp gesprochen, das Potenzial zur Sprache haben, eine Varietät wie etwa die Jugendsprache dagegen nicht.

2. Trotz der historischen Dimension der heutigen Varietäten ist der Begriff selbst nur synchron zu verstehen. Auch wenn sich in Hinsicht auf Sprachwandelprozesse ein Blick auf frühere Sprachstufen und Entwicklungen lohnt, so ist doch die „Architektur" zum Beispiel des Mittelhochdeutschen eine andere als die unserer gegenwärtigen Sprache. Es geht also, um im Bild der Architektur zu bleiben, darum, die Bauweise der heutigen Sprache zu verstehen. Dass schon im Hochmittelalter ähnliche Baustoffe und Bautechniken verwendet wurden, hilft bei der Beschreibung der Sprache heute nicht. Damit ist zugleich gesagt, weshalb die diachrone Sicht auf Sprache in der vorliegenden Darstellung nahezu völlig ausgeblendet wurde.

3. Die Abgrenzung zwischen den Begriffen „Varietät", „Funktionalstil" und „Stil" ist nicht einfach und auch nicht immer eindeutig. Funktionalstile zeichnen sich gerade dadurch aus, dass der Begriff „Stil" funktional gedeutet wird und sie somit zu den „Lekten" (Funktiolekte) gehören; diese Auffassung vertritt etwa der Soziolinguist Heinrich Löffler (vgl. Klett Themenheft, S. 21 f.). Dagegen wird in der nicht pragmatisch orientierten Sprachwissenschaft (zum Beispiel von Helmut Henne; vgl. den Text von Peter Braun, Klett Themenheft, S. 20 f.) meist die Ansicht vertreten, dass die Funktionalstile gerade den Standard ausmachen, von dem sich dann verschiedene Varietäten unterscheiden lassen: Stile differenzieren so nur Varietäten, was am Beispiel von literarischen Texten besonders deutlich wird, da ja jeder Schriftsteller und jede Epoche ihren eigenen Stil haben, wobei in der Regel die Standardsprache zugrunde liegt. Vergleichbar kann in ganz unterschiedlichen Situationen von ganz unterschiedlichen Menschen z. B. auch ein Dialekt verwendet werden, sich die Sprechweise aber in dieser Varietät gleichwohl stilistisch unterscheiden (z. B. im Sinne von „Stilschichten").

4. Es gibt erhebliche Schwankungen in der Bewertung einzelner Varietäten. Dies zeigt sich auch im Falle des „Kiezdeutschen" (auch „Kanak Sprak" oder „Türkendeutsch"), das nicht nur, wie von Helmut Glück vorgeschlagen (vgl. Klett Themenheft, S. 13 ff.), als transitorische Sondersprache recht allgemein bestimmt, sondern des Öfteren auch als Ethnolekt gefasst wurde (etwa vom Hamburger Professor Jannis Androutsopoulos). Hierbei geht es nicht so sehr um die Terminologie, sondern um die hinter den Termini stehenden Bewertungen der Varietäten mit Blick auf das Standarddeutsche.

1.2 Sprachwandel und Sprachkritik

Das Konzept der inneren Mehrsprachigkeit ist eng verknüpft mit der Frage nach den aktuellen Tendenzen der deutschen Sprache und damit auch mit der Frage nach (möglichen) Sprachwandelprozessen, da eine ausgeprägte innere Mehrsprachigkeit die Übernahme sprachlicher Merkmale in den Standard begünstigt. Bestes Beispiel ist hier die Fachsprache der Computertechnik, die heute in Ansätzen jeder beherrscht (oder beherrschen muss) und Wortübernahmen in den Standard möglich macht (z. B. *Software, downloaden, mailen, googlen*).

Dass die eben genannten Beispiele zugleich Angliszismen sind, ist natürlich kein Zufall, muss aber richtig interpretiert werden. Zunächst: Das Deutsche entlehnt zunehmend englische Wörter, gleichwohl haben die die lateinischen, griechischen und französischen Entlehnungen noch immer einen komfortablen Vorsprung auf das Englische (ohne dass die lateinischen, griechischen und französischen Entlehnungen dabei dem Deutschen geschadet hätten, ganz im Gegenteil). Die hohe Entlehnungsrate aus dem Englischen beruht dabei nicht nur auf der medialen Präsenz des Englischen (oder vielmehr des Amerikanischen), sondern hat auch einen sprachstrukturellen Grund, ist doch das Deutsche eine Sprache, die zur Bildung langer Komposita neigt, was aus sprachökonomischer Sicht kurzen (insbesondere einsilbigen) Wörtern einen großen Reiz verleiht.

Aus sprachstrukturellen Gründen ist aber auch die immer wieder sprachkritisch angeheizte Furcht vor einer Anglisierung des Deutschen nicht gerechtfertigt: Das Deutsche ist dem Englischen viel zu ähnlich – die beiden Sprachen sind sehr eng miteinander verwandt –, als dass das Englische das Deutsche über die Wortebene hinaus nachhaltig beeinflussen könnte.

Wie vom Englischen aus struktureller Sicht keine „Gefahr" auf das Deutsche bzw. dessen Standard ausgeht, so auch nicht vom immer wieder einmal beklagten angeblichen Sprachverfall durch jugendliche Sprechweisen (inklusive des Kiezdeutschen). Insgesamt gilt, dass die Normen des Standarddeutschen sehr gefestigt sind – und tatsächlich hat sich der Sprachwandel in den letzten Jahrhunderten auch erheblich verlangsamt.

Ob dieser verlangsamte Sprachwandelprozess auch ein Erfolg der Sprachkritik ist, muss offen bleiben. Immerhin ist Sprachkritik zuletzt kommerziell erfolgreich geworden (man denke etwa an die Bücher von Bastian Sick), was zumindest zeigt, dass die Deutschen ihrer Muttersprache und deren Normen nicht nur großes Interesse entgegenbringen, sondern auch eine erhebliche Sorgfalt. Dabei ist allerdings zu beobachten, dass insbesondere populäre Sprachkritik sich mit Vorliebe Randproblemen, wie der vermeintlich notwendigen Errettung des Genitivs oder dem Schutz des Deutschen vor Anglizismen, zuwendet. Natürlich hat diese Kritik ihre Berechtigung. Gleichwohl verstellt sie, zumindest in der öffentlichen Wahrnehmung, den Blick auf tatsächlich einschneidende Veränderungen. Denn das Deutsche ist durch das Englische bedroht, allerdings nicht in seiner Struktur, sondern in seiner Varietätenvielfalt, verkümmern im Deutschen doch zahlreiche Fach- bzw. Wissenschaftssprachen: Auch deutschsprachige Physiker, Ingenieure, Biologen, Mediziner usw. von Rang publizieren heute meist auf Englisch und zahlreiche Universitäten im deutschsprachigen Raum bieten englischsprachige Studiengänge an, sodass heute schon in vielen Disziplinen eine deutsche Wissenschaftsterminologie fehlt. Um es provokant auszudrücken: Die Sprache Einsteins ist nicht mehr physiktauglich.

Dass Sprachkritik substanzieller sein kann als die Frage, ob es „dieses Jahres" oder „diesen Jahres" heißen muss, zeigt insbesondere der Text des ehemaligen Freiburger Professors für Germanistische Linguistik, Uwe Pörksen (vgl. Klett Themenheft, S. 29), dessen Kritik an den „Plastikwörtern" die zentrale Frage nach dem Verhältnis von Sprache und Wirklichkeit betrifft. Zwar glaubt heute niemand mehr an die ausschließliche Geltung des Prinzips der sprachlichen Relativität, demzufolge die Grenzen unserer Sprache auch die Grenzen unserer Weltsicht wären, doch ebenso unumstritten ist, dass Sprache gleichsam als Filter dieser Sicht fungiert. Der Begriff „Plastikwort" ist dabei natürlich kein wissenschaftlicher Terminus. Es handelt sich bei den von Pörksen so bezeichneten Wörtern um konnotative Stereotype, d. h. um weitgehend denotatsfreie (inhaltsleere) Wörter, die von ihrem guten Klang profitieren. Es sind darüber hinaus oft Internationalismen lateinischen oder griechischen Ursprungs, die aus ihrem wissenschaftlichen Gebrauch in die Alltagssprache zurückkehren. Und sie sind, wie Pörksen richtig beschreibt, nahezu beliebig kombinier- und anwendbar: Mit kommunikationsbasierter Planungskompetenz in strukturrelevanten Bereichen der interaktiven Systementwicklung lassen sich leicht Banken retten oder Gehaltsboni rechtfertigen.

1.3 Der Einfluss der Neuen Medien auf die Sprache

Auch die Sprachverwendung in modernen Kommunikationsmedien (insbesondere SMS und Twitter) könnte einen nachhaltigen Einfluss auf das Deutsche haben (vgl. dazu den Text von Peter Schlobinski im Klett Themenheft auf S. 35). Zu beachten ist hier der Konjunktiv „könnte", denn um eine verlässliche Prognose abzugeben, ist es einfach zu früh.

Dass aber umgekehrt die Massenmedien unseren Sprachgebrauch zumindest kurzfristig stark beeinflussen können, ist unstrittig und bietet einen guten Anlass, auf die modernen Medien selbst zu blicken.

2 Medien

2.1 Begriffsdefinition

Der Begriff „Medien" ist ein Pluralwort und bezeichnet unspezifiziert Trägersysteme zur Informationsvermittlung, wobei der Begriff dann im Sinne von „Massenmedien" gebraucht wird (wenn also „etwas durch die Medien geht", dann meint man damit zunächst Presse, Hörfunk und Fernsehen). Oft wird der Begriff in seinem Gebrauch spezifiert (z. B. Kommunikationsmedien, audiovisuelle Medien usw.), wodurch die Medien in ihrer Funktion oder aber ihrer Beschaffenheit genauer gefasst werden. Auffällig am Begriffsgebrauch ist dabei, dass sich das Wort von seiner ursprünglichen Bedeutung als „Medium" (Singular) entfernt hat, also nicht mehr als Kanal verstanden wird – so etwa wie Luft das physikalische Medium zur Übertragung gesprochener Sprache von Angesicht zu Angesicht ist. Entsprechend wird auch niemand im Alltag davon sprechen, er habe „Medien" benutzt, wenn er eine Postkarte geschrieben oder telefoniert hat.

In der Spezifizierung „Neue Medien" erfährt der Begriffsinhalt noch einmal eine Umdeutung, indem der Begriff über neue Formen der Kommunikation mit bestimmt wird. Wenn also jemand statt Postkarten Tweets schreibt, benutzt derjenige nicht einfach ein neueres bzw. moderneres Medium, sondern nutzt damit eine Kommunikationsform, die vor allem über ihre grundsätzlichen Möglichkeiten bestimmt wird, die im Falle der Tweets darin bestehen, den Nachrichteninhalt in nahezu Echtzeit schneeballprinzipartig global zu verbreiten. Diese Möglichkeiten verstellen dabei den Blick auf die normale Nutzung des Mediums. Wenn ein Mädchen früher von ihrem ersten Freund eine Postkarte bekommen hat, hat sie die Karte sicher auch ihren besten Freundinnen gezeigt. Heute heißen diese besten Freundinnen „Followers" und erfahren eben per Tweet, was der Freund aus dem Urlaub geschrieben (oder besser: gesimst) hat. Der Rest der Welt interessiert sich nach wie vor herzlich wenig für das Mädchen und seinen Freund, sofern dieser, was freilich sehr selten vorkommt, nicht gerade eine Flugzeugnotlandung auf dem Hudson River beobachtet hat oder als amerikanische/r Präsident/in kandidiert.

2.2 Geschichte der Medien

Bereits aus der Begriffsbestimmung wird deutlich, dass sich die **Geschichte der Medien** am besten medientechnisch fassen lässt (vgl. den Text von Hans-Dieter Kübler „Medien- und Massenkommunikation" im Klett Themenheft, S. 57 f.). Allgemein wird die Erfindung des Buchdrucks mit beweglichen Lettern durch Johannes Gutenberg Mitte des 15. Jahrhunderts als **erste Kommunikationsrevolution** bezeichnet. Die Bedeutung dieser Erfindung für die Verbreitung der Lesefähigkeit, der Entwicklung von Wissenschaft und Kultur und letztlich auch der Entwicklung des Bürgertums und der Öffentlichkeit (und damit auch der Demokratie) kann nicht hoch genug eingeschätzt werden.

Eine **zweite Kommunikationsrevolution** setzte Mitte des 19. Jahrhunderts mit Entwicklung der Massenmedien – insbesondere von Film und Rundfunk – ein. Aus medientechnischer Sicht ist hier die Elektrifizierung der Medien entscheidend. Zugleich veränderten sich die Medienfunktionen, was sich in Stichworten wie Mediendemokratie, Propaganda oder Werbung zeigt; zugleich etablierte sich eine Medienindustrie mit zahlreichen Medienberufen.

Auch für die **dritte Kommunikationsrevolution** war eine technische Neuerung entscheidend, nämlich die zunehmende Ablösung der analogen Übertragung durch die digitale vor allem seit den 1990er-Jahren: Durch die verbesserten Speichermöglichkeiten einerseits, andererseits durch die unbeschränkte Konversion aller Formate wurde sowohl Multimedialität als auch Interaktivität möglich.

2.3 Wandel der Mediennutzung

Mit dem funktionalen Wandel der Medien ist ein **Wandel der Mediennutzung** verbunden, was sich zunächst im Wandel der Medien zu Massenmedien erwies. Genau diese Massenwirkung kommt den Neuen Medien nicht mehr zu. Vielmehr segmentieren sich die medialen Zielgruppen bis hin zur Individualisierung: Erreichten noch im ausgehenden 20. Jahrhundert bestimmte Fernsehsendungen ein Millionenpublikum („ganz Deutschland" hatte dann z. B. eine Fernsehshow gesehen und sprach dann vielleicht am nächsten Tag darüber in der Schule oder am Arbeitsplatz), kann man heute zwischen Hunderten Programmen auswählen oder am PC und im Internet spielen oder sich mit anderen „Usern" in Chatrooms und Newsgroups austauschen.

Wurde bereits die zweite Kommunikationsrevolution von kulturpessimistischen Prognosen begleitet, gilt dies noch mehr für die dritte, was vor allem an dem rasanten Tempo der Entwicklung liegen dürfte: Im Jahr 1989 wurden am CERN die Grundlagen des *world wide web* gelegt, 1993 konnte der erste grafikfähige Webbrowser kostenlos aus dem Netz heruntergeladen werden, womit der eigentliche **Siegeszug des Internets** begann. In den westlichen Industriestaaten waren noch 1997 erst rund elf Prozent Internetnutzer, zehn Jahre später waren es bereits 62 Prozent. Heute verfügen etwa 75 Prozent der deutschen Haushalte über einen PC mit Internetanschluss (dabei besteht eine sogenannte „digitale Kluft", was meint, dass vor allem ältere und/oder sozial schwache Menschen das Internet deutlich weniger nutzen), 80 Prozent der deutschen Jugendlichen (10–13 Jahre) nutzen regelmäßig das Internet.

2.4 Medienkritik

Eine Folge dieser rasanten Entwicklung ist dabei, dass zwar fast jeder das Internet nutzt, doch keineswegs alle in derselben Weise damit umgehen können (oder vielleicht auch wollen). Meist souveräne Internetnutzer sind nach einer Bezeichnung von Marc Prensky aus dem Jahr 2001 die Digital Natives, also Personen, die mit digitalen Medien bzw.

Techniken (Computer, Internet, Mobiltelefone, MP3-Playern) aufgewachsen sind und diese wie selbstverständlich und meist sicher nutzen; den Digital Natives stehen die Digital Immigrants gegenüber, also Personen, die den Umgang mit digitalen Medien erst im Erwachsenenalter kennengelernt haben.

Meist sind es nun Angehörige der Generation der Digital Immigrants, die auf Gefahren und Fehlentwicklungen der jugendlichen Internet- und Computernutzer aufmerksam machen. Im Zentrum stehen dabei meist Behauptungen wie die, dass bestimmte Computerspiele die Gewaltbereitschaft förderten, jede(r) Nutzer(in) Gefahr laufe, Pädophilen ins Netz zu gehen, oder Jugendliche überhaupt gefährdet seien, die virtuelle Welt des Netzes mit der Realität zu verwechseln (vgl. den Text von Urs Gasser im Klett Themenheft auf S. 42 ff.).

Ähnliche Befürchtungen wurden übrigens schon laut, als sich im 18. Jahrhundert das Romanlesen insbesondere unter Frauen rasant ausbreitete. Warnungen vor dem zu intensiven Lesen von Romanen sind um 1800 sehr verbreitet (vgl. den Zusatztext von Johann Georg Heinzmann im Klett Themenheft auf S. 69).

Tatsächlich sind die statistischen Daten für solche Behauptungen schwach. Allzu oft werden außerdem die Begrifflichkeiten nicht verstanden oder durchdacht. Insbesondere werden oftmals die Begriffe „virtuell" und „real" falsch gebraucht, so nämlich, als ob es sich dabei um Gegensätze handele. Unter „Virtualität" versteht man die Eigenschaft einer Sache, nicht in der Form zu existieren, in der sie zu existieren scheint, jedoch ihrem Wesen oder ihrer Wirkung nach einer in dieser Form existierenden Sache zu gleichen. Mit anderen Worten: Virtuelle Dinge (im weitesten Sinne des Wortes) sind nicht physischer Natur, aber sehr wohl real: Freundschaften etwa, die im Internet geschlossen werden, kommen ohne jeden körperlichen Kontakt aus, sind deswegen aber nicht minder echt.

Diese grundsätzlichen Möglichkeiten wecken dabei gleichermaßen Hoffnungen und Befürchtungen, mit Blick auf Jugendliche allerdings meist Letzteres. Dies ergibt sich (sprachlich nahezu global übrigens) nicht zuletzt aus wirkungsmächtigen Metaphern, indem die neuen Kommunikationsformen als „Raum" (space) gesehen werden, man hätte also unter Punkt 2.1 – statt „sondern nutzt damit eine Kommunikationsform" – auch bildhaft schreiben können: „sondern tritt damit in einen Kommunikationsraum ein", einen Raum, der überdies „virtuell" gedacht wird. Mit diesen beiden Metaphern hat man – mit Blick auf Jugendliche – schon die schönste Medienkritik zusammen: Jugendliche sind „im Internet" (als ob das Internet tatsächlich ein Ort sei) und entfernen sich in dieser virtuellen Welt notwendigerweise von der realen.

Wenn eben von Metaphern (Plural) die Rede war, dann deshalb, weil die ursprüngliche Bedeutung von „virtuell" (im Sinne von „entsprechend seiner Anlage als Möglichkeit vorhanden") von der geschilderten Vorstellung so überlagert wurde, dass man heute meist „nicht echt, aber echt erscheinend" unter dem Wort versteht. „Nicht physisch" ist nunmehr „nicht real" (so als würden die Freunde im Netz gar nicht existieren), und „nicht real", darin scheint eine große Einigkeit zu bestehen, ist nichts Gutes. Liest man manche Feuilleton-Beiträge, kann man sich des Eindrucks nicht erwehren, dass – überspitzt formuliert – im Netz hauptsächlich Pädophile und Neonazis unterwegs sind und die Leute dort nur ihre Zeit vertrödeln, als hätten sie vor der Erfindung des Internets ihre Zeit immer mit sinnvollen Aktivitäten gefüllt.

Die Hoffnungen, die durch die erwähnten grundsätzlichen Möglichkeiten geweckt werden, erstrecken sich bis hin zur globalen Basisdemokratie per Mausklick (vgl. den Text von Stefan Schultz im Klett Themenheft auf S. 51). Nahrung haben diese Hoffnungen in jüngerer Zeit vor allem durch den sogenannten Arabischen Frühling erhalten, d. h. die im Dezember 2010 beginnende Serie von Protesten und Aufständen in der arabischen Welt gegen die dort autoritär herrschenden Regime und die sozialen Strukturen dieser Länder. Es besteht ein weitgehender Konsens darüber, dass durch moderne Kommunikationsmedien (Mobiltelefone, Satellitenfernsehen, Internet mit Plattformen wie Facebook, Twitter und örtlichen Blogs) eine Informationsstruktur abseits des Mainstreams entstanden ist, die die Proteste nachhaltig förderte (wenn nicht ermöglichte).

Wie realistisch solche Hoffnungen gerade mit globaler Perspektive sind, sei dahingestellt. Wünschenswert wären sie in jedem Fall nur dann, wenn sichergestellt wäre, dass die Rechte des Einzelnen vor dem Zugriff der jeweiligen Mehrheit geschützt werden.

Phänomene wie der durch moderne Kommunikationsmedien vorangetriebene Arabische Frühling zeigen aber zugleich auch die Bedeutung der „alten" Massenkommunikationsmedien, die gleichsam als Verstärker wirken. Mit anderen Worten: Hätten nicht Zeitungen und Radio- sowie Fernsehsender weltweit über die Proteste in den arabischen Ländern berichtet, wäre erstens kaum der internationale Reformdruck entstanden, zweitens aber hätte die Wirkung des mittels moderner Kommunikationsmedien entfachten Protestes rasch verpuffen können. Letzteres bleibt natürlich spekulativ, ist aber durchaus wahrscheinlich.

Es bestätigt sich hier eine bisherige Konstante, die darin besteht, dass neue Medien (technisch weitgehend ausgereifte) alte Medien meist nicht verdrängen, sondern diese dadurch neue Funktionen erhalten. So sind Printmedien weder durch den Film, das Radio und das Fernsehen noch durch das Internet bislang verdrängt worden. Eine mögliche neue Rolle der alten Massenmedien deutet das Beispiel des Arabischen Frühlings an, indem diese Medien dort den Protest nicht nur verstärkten, sondern überhaupt über ihn berichteten und dadurch als berichtenswert klassifizierten. Mit anderen Worten: Angesichts der Vielzahl an Informationen, die über moderne Kommunikationsmedien potenziell zugänglich sind, könnten klassische Massenmedien als Bewertungsinstanz dienen, indem sie darauf hinweisen, was im Internet geschieht und zugleich wichtig ist.

Eine weitere Konstante bei der Entstehung neuer Medien besteht darin, dass diese von Kritik begleitet wird, was freilich die Kritik nicht substanzlos macht. Zu bedenken ist hierbei, dass eine Gesellschaft sich gleichsam an ein Medium und seine Wirksamkeit bzw. Wirkungsweise erst gewöhnen muss. Dies gilt für den Schüler, der vielleicht nur ein witziges Foto von sich oder jemand anderem ins Netz stellen will und damit vielleicht Mobbing auslöst, genauso wie für Prominente, die sich plötzlich wegen einer unbedachten Bemerkung vielleicht einem „Shitstorm" ausgesetzt sehen.

Hans Magnus Enzensberger hat in seinem Essay „Das digitale Evangelium" (vgl. Klett Themenheft, S. 60 f.) gut auf den Punkt gebracht, wie jedes neue Medium einerseits von den „Evangelisten" und andererseits von den „Apokalyptikern" begleitet wird. Die „Evangelisten" entdecken demnach in jedem neuen Medium eine Chance, die Welt zu verbessern (schon die linken Intellektuellen wie Brecht sahen im sich verbreitenden Radio eine Möglichkeit zur Demokratisierung durch die Beteiligung der Massen; ein Glaube, den übrigens auch der junge Enzensberger teilte), wohingegen die „Apokalyptiker" in jedem neuen Medium künftigen Niedergang erkennen.

3 Lesen und Literatur

3.1 Lesen früher und heute

Das Lesen und damit auch das Buch haben über Jahrtausende und in durchaus unterschiedlichen Kulturkreisen eine unvergleichliche Erfolgsgeschichte hinter sich, die selbst in aller Kürze hier nicht nachgezeichnet werden kann. Hervorgehoben werden soll lediglich ein einziger Aspekt, der aber möglicherweise große Tragweite erlangen könnte. Von Anbeginn an war nämlich das Lesen stets mit (auch mythischem bzw. religiösem) Wissen und bald auch mit Bildung verknüpft, die zunächst nur einer kleinen Oberschicht, im Laufe der Zeit dann in der westlichen Welt schließlich nahezu allen (potenziell) zugänglich war. Seit dem ausgehenden 20. Jahrhundert wird nun aber immer deutlicher, dass sich das Lesen von der Bildung zumindest entfernt. Lesen ist mehr und mehr zur Kompetenz geworden, die zwar als Kulturtechnik hoch geschätzt wird, aber sich von gelesenen Inhalten zunehmend abkoppelt. Die Gründe sind schnell benannt: Zum einen ist – in einer Gesellschaft, die stark auf finanziellen Erfolg hin ausgerichtet ist – die Kenntnis (klassischer) literarischer und/oder philosophischer Werke in den seltensten Fällen ein relevantes Einstellungskriterium. Zum anderen spielt es für den Erwerb der Kompetenz Lesen in der Tat keine Rolle, was man liest (solange die textuellen Strukturen hinlänglich komplex sind, um Formen tieferen Verstehens zu erreichen). Es kommt hinzu – ob als Folge oder Ursache, sei einmal dahingestellt –, dass der literarischen Bildung und damit der Literatur insgesamt weniger Wert beigemessen wird als noch vor fünfzig oder gar hundert Jahren. Die Zeiten, als Lektüre noch einen Distinktionsgewinn darstellte und eine Schauspielerin wie Marylin Monroe sich scheinbar zufällig bei der Lektüre des „Ulysses" ablichten ließ, sind mittlerweile vorbei (vgl. Abbildung im Klett Themenheft auf S. 75).

Entsprechend kann im Literaturunterricht Schülern heute nicht mehr mit dem früheren (Selbst-)Verständnis, den „Faust" etwa muss man gelesen haben, begegnet werden. Literatur ist vielmehr eine Möglichkeit, sich ohne direkte Verwertungsabsicht zu beschäftigen und dadurch zu schulen. Ganz Ähnliches gilt im Übrigen für die Musik und die Zeiten, in denen „es dazu gehörte", etwa Klavier zu spielen oder in die Oper zu gehen.

3.2 Buch und elektronische Medien

Auch das Buch selbst – und damit das klassische Medium der Literatur – ist einem möglicherweise einschneidenden Wandel unterworfen. Dies liegt zum einen natürlich an der oben erwähnten schwindenden Bedeutung der Literatur, die sich auch auf dem Buchmarkt zeigt, wo man im Zweifel mit einem mittelmäßigen Krimi immer noch mehr umsetzt als mit einem hervorragenden Lyrikband.

Zum anderen (davon aber nicht unabhängig) liegt das an einem sich verändernden Buchmarkt. Hier ist einfach festzuhalten, dass der Marktanteil von Internetbuchhandlungen (allen voran von Amazon) sowie von großen Buchhandelsketten (etwa Thalia oder Hugendubel) im Verhältnis zu kleinen Buchhandlungen vor Ort steigt. Oder anders ausgedrückt: Die kleinen Buchhandlungen verschwinden zusehends, was sich in einem veränderten Angebot und damit auch in einem sich verändernden Leseverhalten spiegelt. Wo es den gut sortierten Buchhändler vor Ort noch gibt, kann man, wenn man ihn denn regelmäßig besucht, durchaus auf Neues aufmerksam werden, durch einen Tipp des Händlers oder die Schaufensterauslage bzw. das Sortiment an sich. Dagegen empfiehlt etwa Amazon seinen Kunden gerade das, was sie ohnehin schon lesen (wer also einen Regionalkrimi oder ein Kochbuch bei Amazon bestellt, wird unweigerlich auf andere Regionalkrimis oder Kochbücher aufmerksam gemacht). Die großen Buchhandelsketten wiederum orientieren sich an den Bestsellerlisten: Um zum erwähnten Lyrikband zu kommen, so er überhaupt vorrätig ist, muss man sich an ganzen Paletten von „Feuchtgebieten", Mega-Thrillern oder „Büchern zum Film" vorbeikämpfen.

Darüber hinaus ist das Buch gleichsam auch dinglich bedroht. Ein Internetroman ist zwar ein Roman, aber kein Buch mehr. Und ein sogenanntes Hörbuch ist eben auch kein Buch, sondern eine Audio-CD; auch „liest" man dieses „Buch" eben nicht mehr, sondern „hört" es. Und das hat Folgen: Da die Komplexität der Informationen, die man hörend verarbeiten kann, geringer ist als die, die man lesend verarbeiten kann, führt das entweder dazu, dass man hörend weniger versteht, oder – noch bedenklicher –, dass der Autor beim Schreiben schon mit an den Hörer seiner „Bücher" denkt.

3.3 Autoren im Zeitalter der elektronischen Medien

Schließlich sehen sich auch die Autoren von Literatur veränderten Anforderungen und Bedingungen gegenüber. Es sei hier nur auf das Urheberrecht verwiesen, das einen grundsätzlichen Schutz geistigen Eigentums garantiert und heute durchaus auch alltagsrelevant ist, sind doch grundsätzlich auch E-Mails oder Präsentationen in der Schule urheberrechtlich geschützt. Während sich früher Medien aber nur schwer (gewinnbringend) kopieren ließen, geht dies bei digitalisierten Medien sekundenschnell und nahezu kostenlos. Dem sind Autoren zwar nicht schutzlos, aber doch weitgehend machtlos ausgeliefert (natürlich kann man etwa die Veröffentlichung eines Gedichtes auf einer Website als geistiger Urheber unterbinden lassen, dazu muss man aber erst darauf aufmerksam werden, dass es auf dieser Website verfügbar ist, oder sich einen Prozess etwa gegen Google leisten können).

Auch an Autoren werden neue Anforderungen gestellt. Es wird Präsenz im Netz erwartet, und die Kontakte mit den Fans sollen intensiviert werden – schon als Marketingmittel und Verkaufshilfe. Auch wird beim Verfassen eines Buches die zukünftige Verwertung in anderen Medien immer wichtiger – als Film, als Fernsehserie etc.

Das untergräbt die klassische Autorenexistenz. Der Schriftsteller, der mit seinen Büchern aufrütteln, gar die Gesellschaft verändern wollte, oder derjenige, der sich kontemplativ zurückzog, um dann in seinen Büchern höhere Wahrheiten über die Welt zu verbreiten, könnte es in Zukunft schwerer haben. In welche Richtung die Entwicklung gehen wird, ist dabei vollkommen offen.

3.4 Der Leser und die Neuen Medien

Mit den Neuen Medien haben sich die Möglichkeiten der Verbreitung von Büchern vervielfältigt. Die Digitalisierung von Literatur ist heute einfacher denn je – der Zugriff auf literarische oder Sachtexte, die nicht mehr dem Urheberrecht unterliegen, ist einfacher geworden.

Für den Nutzer ist das Angebot, das bislang schon unübersichtlich war, dadurch ins Unermessliche gewachsen. Sich hier zurechtzufinden, die Spreu vom Weizen zu trennen, für sich das Richtige zu finden, scheint eine fast unlösbare Aufgabe zu sein.

Kommentare und Lösungen

Die Module I–III beziehen sich auf Kapitel 1 des Klett Themenheftes „Sprache/Medien/Lesen und Literatur" (978-3-12-347456-9). Sie folgen der Kapitelgliederung und machen Vorschläge, wie sich der Stoff des Kapitels sinnvoll im Unterricht aufbereiten lässt. Um ihren Kenntnisstand und den Lernfortschritt festzuhalten, sollten die Schüler nach der Behandlung des Problemhorizonts eine Mindmap zum Thema des Kapitels anlegen, die sie im Verlauf des Unterrichts nach und nach für sich ergänzen. Die Schüler sollten auch aufgefordert werden, selbst Texte zum Thema zu suchen und festzuhalten, welche Aspekte darin abgedeckt werden.

Modul I: Innere Mehrsprachigkeit und Sprachvarietäten

INTENTION	Am Beispiel des Konzeptes der inneren Mehrsprachigkeit sollen die Schüler ein differenziertes Bild der Sprache und ihrer Erscheinungsformen bekommen und zugleich den für die Beschäftigung mit Sprache relevanten Fachwortschatz erwerben. Da Modul I ein relativ umfangreiches Teilkapitel abdeckt, ist es, der besseren Übersichtlichkeit halber, in fünf Teilmodule gegliedert.
ZEITBEDARF	5 Unterrichtsstunden bzw. 4 Unterrichtsstunden Das Modul bietet ein Maximalangebot. Behandelt werden sollten auf alle Fälle Teilmodul 1 und Teilmodul 5. Bei der Vertiefung der Varietäten kann sich die Lehrkraft zwischen den Alternativen Kiezdeutsch und Jugendsprache entscheiden.
MATERIAL	**Teilmodul 1: Innere Mehrsprachigkeit und Sprachvarietäten** Klett Themenheft, S. 6: Problemhorizont: Innere Mehrsprachigkeit – Varietäten und Stile Klett Themenheft S. 7 f.: Die Varietäten der deutschen Sprache im Überblick Klett Themenheft, S. 9: Variablen der Standardsprache Klett Themenheft, S. 9: Mario Wandruszka: Mehrsprachig in der Muttersprache **Teilmodul 2: Beispiele für Varietäten – Kiezdeutsch** Klett Themenheft, S. 10: Heiko Meixner: Krass history Zusatztexte online: Dem Tuss aus dem Prospet/Feridun Zaimoglu: Ich spiel in der Liga der Verdammten, Klett Themenheft, S. 10 Klett Themenheft, S. 11 f.: Heike Wiese: Jugenddialekt Kiezdeutsch: „Ich bin Alexanderplatz" Klett Themenheft, S. 12: Lexikonartikel: „Dialekt" *Klett Stundenblätter, S. 10 f.: KV 1: Eine Argumentation untersuchen und bewerten* Klett Themenheft, S. 13 ff.: Helmut Glück: Sachtemang mit dit Kiezdeutsche *Klett Stundenblätter, S. 12 f.: KV 2: Eine Argumentation prüfen* Zusatztext online: Klaus Lübbe: Kanaksprak, Klett Themenheft, S. 15

Teilmodul 3: Beispiele für Varietäten – Jugendsprache

Klett Themenheft, S. 16: Wörterbuch der Szenesprachen

Klett Themenheft, S. 16 f.: Alex Rühle: Affengeil hat ausgefetzt

Teilmodul 4: Funktionalstile

Klett Themenheft, S. 18: Beispiele für Funktionalstile

Klett Themenheft, S. 19: Übersicht: Funktionalstile

Teilmodul 5: Das Konzept der inneren Mehrsprachigkeit

Klett Themenheft, S. 20 f.: Peter Braun: Das theoretische Modell der inneren Mehrsprachigkeit/ Helmut Henne: Die innere Mehrsprachigkeit des Deutschen (Grafik)

Klett Themenheft, S. 21 f.: Heinrich Löffler: Die Varietäten des Deutschen

DIDAKTISCHE HINWEISE

So leicht die Erkenntnis ist, dass alle Sprecher des Deutschen über mehrere „Codes" verfügen, so anspruchsvoll ist die Bestimmung des Verhältnisses dieser „Codes" zueinander – dies umso mehr, als die entsprechenden Begriffe auch in der Sprachwissenschaft (wenn auch aus jeweils durchaus nachvollziehbaren Gründen) unterschiedlich verwendet werden.

Das Modul ist deshalb in Teilmodule gegliedert. Das erste Teilmodul setzt mit einer Übersicht zu den Varietäten der deutschen Sprache ein (TH, S. 7–9), die vor allem zentrale sprachwissenschaftliche Begriffe klären bzw. festigen soll. Es folgen zwei Teilmodule mit Beispielen für Varietäten, nämlich Kiezdeutsch (vgl. TH, S. 10–15) und Jugendsprache (vgl. TH, S. 16 und 17). Die Beispiele wurden gewählt, weil sie nicht nur der Lebenswelt der Jugendlichen entstammen und darüber hinaus (und anders als die Dialekte) nicht regional beschränkt sind, sondern auch, weil sie medial präsent sind und überdies kontrovers gefasst werden. Die beiden Teilmodule dienen nicht nur der Vermittlung sprachwissenschaftlicher Inhalte, sondern sie sollen auch schon die Untersuchung und Analyse von Sachtexten üben.

Die beiden letzten Teilmodule bieten Gelegenheit zur Vertiefung des in Teilmodul 1 erworbenen Grundwissens. Das Teilmodul über die sogenannten Funktionalstile schafft die Grundlagen für das Verständnis der theoretischen Modelle der inneren Mehrsprachigkeit, die im letzten und abschließenden Teilmodul besprochen werden. Bei der Bearbeitung des Moduls wird die Lehrkraft immer wieder unterstützend eingreifen müssen, was die sprachwissenschaftliche Terminologie angeht, insbesondere bei den Texten von Glück, Braun und Löffler. Auf Seite 39 f. sind einige Begriffe mit Definition aufgeführt, die (eventuell ergänzt um weitere Termini) vor der Behandlung des letzten Teilmoduls zur Vorentlastung geklärt werden sollten.

Bei Partner- oder Gruppenarbeitsphasen bietet es sich außerdem an, gezielt lernschwächere und lernstärkere Schüler zusammenarbeiten zu lassen.

ZIELVORSTELLUNGEN/ KOMPETENZBESCHREIBUNGEN

Die Schülerinnen und Schüler erwerben bzw. festigen folgende Kompetenzen. Sie
- erkennen und benennen Sprachvarietäten
- wenden sprachwissenschaftliches Fachvokabular richtig an
- erkennen, dass sich Sprachvarietäten nicht immer eindeutig zuordnen lassen
- erarbeiten das Konzept der inneren Mehrsprachigkeit
- beschäftigen sich mit mindestens einer Sprachvarietät genauer
- lernen theoretische Modelle der Sprachwissenschaft kennen
- untersuchen und vergleichen anspruchsvolle grafische Modelle der Sprachwissenschaft
- untersuchen den Argumentationsgang von Texten
- legen den Standpunkt des Verfassers dar
- untersuchen die sprachliche Gestaltung von Texten
- ermitteln und bewerten Textaussagen und -intentionen kritisch
- ziehen Schlussfolgerungen aus Texten
- beziehen Aussagen unterschiedlicher Texte aufeinander

DURCHFÜHRUNG/ UNTERRICHTSSCHRITTE „PROBLEMHORIZONT“	1. Der Problemhorizont will den Schülern die Vielfalt sprachlicher Äußerungen bewusst machen und bereitet so auf die Beschäftigung mit den Varietäten vor. Wichtiger als die Zuordnung der Beispiele im Einzelnen wäre ein Gespräch der Schüler über die Kategorien selbst, z. B.: Wo verläuft die Grenze zwischen Standard- und Umgangssprache? Was ist gerade noch formell möglich? Zu beachten ist, dass aufgrund des hinführenden Charakters die Begriffe (z. B. „Migrantensprache“) noch nicht wissenschaftlich fundiert sind.
DURCHFÜHRUNG/ UNTERRICHTSSCHRITTE „VARIETÄTEN DER DEUTSCHEN SPRACHE IM ÜBERBLICK“	1. Im Vordergrund steht hier das Erarbeiten der Fachbegriffe für die verschiedenen Sprachvarietäten. Die Zuordnung der einzelnen Beispiele in die Übersicht zu den Varietäten kann selbstständig durch die Schüler erfolgen. Wichtig ist, dass die Schüler im anschließenden Unterrichtsgespräch erkennen, dass die Einordnung der Beispiele nicht immer ganz eindeutig erfolgen kann. 2. Der kurze Basistext „Mehrsprachig in der Muttersprache“ (TH, S. 9) stellt dann das Konzept der inneren Mehrsprachigkeit vor. Die Bearbeitung der entsprechenden Aufgaben könnte ebenso Hausaufgabe sein wie die vorbereitende Lektüre des Impulstextes „Krass history“ (TH, S. 10), der mit den Figuren Erkan und Stefan bekannt macht und in das Thema des nächsten Teilmoduls einführt.
DURCHFÜHRUNG/ UNTERRICHTSSCHRITTE „BEISPIEL: KIEZDEUTSCH“ KV 1 UND KV 2	1. Der Text über die Comedians Erkan und Stefan, die den Schülern vermutlich bekannt sind, wird hauptsächlich aus Gründen der Motivation eingesetzt. Die beiden Online-Texte „Dem Tuss aus dem Prospekt“ sowie „Ich spiel in der Liga der Verdammten“ von Feridun Zaimoglu zeigen, wie sich im Bereich der Literatur diese Sprechweise gezielt und sehr kunstvoll einsetzen lässt und auch in satirischer Absicht gebraucht wird. Gerade vor dem Hintergrund der im nächsten Schritt folgenden Auseinandersetzung über den Stellenwert von „Kiezdeutsch“ kann die Lektüre dieser Texte einen neuen Blickwinkel auf diese Sprachvarietät eröffnen. 2. Im Zentrum des Teilmoduls stehen das Interview mit Heike Wiese sowie der Artikel von Helmut Glück. Beide Wissenschaftler bewerten das Kiezdeutsche sehr unterschiedlich. Zu beiden Texten gibt es jeweils eine Kopiervorlage (KV 1, Stundenblätter, S. 10 f. und KV 2, Stundenblätter, S. 12 f.), die zur genaueren Betrachtung der Argumentation in den Texten führen und zur Erarbeitung der Texte genutzt werden kann. Wiese verfolgt sozialintegrative Absichten und möchte Kiezdeutsch in den Deutschunterricht holen, Glück dagegen will eine sachlich fundierte Wissenschaft bewahren und Sprachnormen unterrichtet wissen. Um nun ihre Ziele zu realisieren, erklärt Wiese das Kiezdeutsche zum Dialekt bzw., wie es in der Überschrift zum abgedruckten SZ-Interview heißt, zum „Jugenddialekt“. Dies ist wissenschaftlich kaum haltbar, aber öffentlichkeitswirksam (unter der Bezeichnung „Jugenddialekt“ kann sich auch ein fachwissenschaftlicher Laie etwas vorstellen, während Glücks Bestimmung des Kiezdeutschen als „transitorische Sondersprache“ dem Laien unverständlich bleiben muss) und zugleich geschickt, da die Folgen dieser Bestimmung nicht auf den ersten Blick zu durchschauen sind: Wäre Kiezdeutsch ein Dialekt, wäre es nämlich gleichsam der Normfrage enthoben, d. h., das Kiezdeutsche würde dann einfach umfassend (Wortschatz und Grammatik) beschrieben, die Frage nach dem richtigen oder falschen Sprachgebrauch würde sich nicht mehr stellen. Wäre das Kiezdeutsche dagegen kein Dialekt bzw. – da es sich nun einmal nicht um einen Dialekt handelt – hätte es keinen Dialektstatus, müsste es sich an den Normen des Hochdeutschen messen lassen (und wäre dann womöglich keine „Bereicherung“ mehr). Natürlich können weder Lehrer noch Schüler in dieser Frage letztgültig entscheiden, dennoch ist die Auseinandersetzung mit dieser Frage hoffentlich spannend, zeigt den Schülern aber in jedem Fall, dass auch über „trockene Sprachfragen“ leidenschaftlich gestritten werden kann.

3. Abschließend (und im Rückgriff auf Aufgabe 5, vgl. TH, S. 15) bietet sich eine eigenständige Bewertung des Kiezdeutschen durch die Schüler an, die sich aus den bisherigen Arbeitsergebnissen ableiten lässt. Zur Bewertung des Kiezdeutschen sollte noch der Online-Text von Klaus Lübbe „Kanaksprak" herangezogen werden, weil er im Gegensatz zu der sowohl auf Seiten Wieses als auch Glücks sehr polemisch geführten Debatte ausgesprochen sachlich argumentiert.
   Die Schüler werden keine Fachdebatte führen können, aber zu dem Schluss kommen, dass Kiezdeutsch an gewissen Orten und in bestimmten Gruppen den Sprechern den Anschein von Coolness verleihen mag, aber beispielsweise auf dem Arbeitsmarkt wohl einen Nachteil bedeuten dürfte.

DURCHFÜHRUNG/ UNTERRICHTSSCHRITTE „BEISPIEL: JUGENDSPRACHE"

1. Das Teilmodul kann bei Zeitmangel entfallen oder deutlich verkürzt werden. Den Einstieg ins Thema bilden drei Einträge aus einem „Wörterbuch der Szenesprachen". Die Schüler sollen in einem „Blitzlicht" ihre Meinung zu solchen Wörterbüchern äußern. Zu erwarten ist, dass schon etliche kritische Äußerungen fallen.

2. Der Zeitungsartikel „Affengeil hat ausgefetzt" von Alex Rühle, der sich kritisch mit dem Sinn und Zweck solcher Wörterbücher der Jugendsprache auseinandersetzt, bietet sich zur Vertiefung an. Dieser Text macht zudem deutlich, dass solche Veröffentlichungen häufig für Erwachsene aufbereitet sind, die „trendy" sein wollen, mit den wirklichen Sprechweisen Jugendlicher aber oft nur wenig zu tun haben.
   Da die Texte relativ einfach sind, kann diese Doppelseite des Themenheftes von den Schülern auch in Eigenarbeit – entweder in der Schule oder zu Hause –, bearbeitet werden.

DURCHFÜHRUNG/ UNTERRICHTSSCHRITTE „FUNKTIONALSTILE"

1. Die Lektüre der Beispiele für die vier Funktionalstile und die Bearbeitung der Aufgaben 1 bis 3 auf S. 18 zu den Beispielen könnte Hausaufgabe sein.
   Wichtig ist hier, dass die Schüler die Funktionalstile kennenlernen, sie aber nicht als bestimmte Stile im Sinne der Stilistik verstehen (vgl. die Hinweise auf S. 19), sondern sie in ihrer kommunikativen Funktion und ihrer Bedeutung als Subsysteme der Sprache wahrnehmen. Dadurch wird schon das Sprachmodell von Helmut Henne vorbereitet, das im nächsten Teilmodul Thema ist.

DURCHFÜHRUNG/ UNTERRICHTSSCHRITTE „DAS KONZEPT DER INNEREN MEHRSPRACHIGKEIT"

1. Der Text von Peter Braun ist relativ schwierig von der Terminologie her. Die Schüler sollten die Fachbegriffe besser schon vor der Textlektüre in einem Fachlexikon nachschlagen. Alternativ kann die Lehrkraft auch eine Liste mit Definitionen der wichtigsten Begriffe bereithalten (vgl. nachfolgende Erläuterungen).

   Semantik
   Wissenschaft von der Bedeutung von (sprachlichen) Zeichen – Beispiele (für Zeichen): Wörter, bestimmte Gesten, bestimmte Intonationsmuster

   Phraseologie
   Wissenschaft von den Phraseologismen (= eine zu einer festen Form verwachsene Folge lexikalischer Einheiten) – Beispiele (für Phraseologismen): *jemandem reinen Wein einschenken, blinder Passagier*

   Morphologie
   Teilbereich der Sprachwissenschaft, der sich der Erforschung der kleinsten bedeutungs- oder funktionstragenden Elemente einer Sprache (= Morpheme) widmet – Beispiele (für Morpheme): *ess-* (= Wortstamm), *-bar* (= Ableitungssuffix, *bar* bedeutet „man kann"), *-er* (z. B als Morphem bei der Komparativform, z. B. *schön-er*), *-t-* (als Tempuskennzeichen, z. B. sie *kauf-t-e)*

   Syntax (syntaktisch)
   Teilbereich der Sprachwissenschaft, der sich der Erforschung der Regeln des Miteinandervorkommens sprachlicher Einheiten oberhalb der Wortebene widmet – Beispiele (für syntaktische Regeln im Deutschen): Prädikatendstellung im Nebensatz, Kongruenz zwischen attributivem Adjektiv und Bezugswort

Idiolekt
Individuelle Sprache jedes einzelnen Menschen (d.h. die Sprache jedes Menschen ist hier Beispiel)

Phonetik (phonetisch)
(Auch: Lautlehre) Wissenschaft von der Erzeugung, Übertragung, dem Empfang und der Verarbeitung von (sprachlichen) Lauten – Beispiele (für sprachliche Laute): Vokale, Konsonanten

In diesem Teilmodul werden zwei sehr unterschiedliche Sprachmodelle gegenübergestellt und verglichen. In dem Text von Peter Braun wird das Sprachmodell des allgemeinen Sprachwissenschaftlers Helmut Henne vorgestellt. Dessen Blick richtet sich nicht auf den Bereich des individuell und/oder situativ Zufälligen, sondern entscheidend ist für ihn das Systemhafte, das allen sprachlichen Äußerungen zugrunde liegt.

Heinrich Löffler dagegen kommt von der Soziolinguistik her. War die Soziolinguistik ursprünglich konzentriert auf das Problem, dass unterschiedliche Gesellschaftsschichten unterschiedliche sprachliche Codes haben, richtete sich das Interesse bald auf die gesamte gesellschaftliche Sprachwirklichkeit (und in diesem Sinne ist die „Soziolinguistik fast deckungsgleich mit der Varietätenlinguistik geworden“, vgl. TH, S. 22, Z. 22 f.).

Den Schülern sollte im Vergleich der beiden Texte und der beiden Grafiken klar werden, dass hier zwei verschiedene Sichtweisen von Sprache aufeinandertreffen. Henne versteht Sprache als geschlossenes System, das aus Subsystemen besteht, deren Zusammenwirken beschrieben und erklärt werden sollte. Für Löffler dagegen ist Sprache tendenziell ein offenes System, das in seinen einzelnen Verästelungen zu erfassen ist.

Im Zusammenhang mit den beiden Modellen sollte noch einmal der Begriff „Varietät“ präzisiert werden. Für Henne ist in diesem Sinne eine „Varietät“ denn auch überindividuell und nicht situativ wie bei Löffler zu verstehen. Mit anderen Worten: Den Schülern sollte klar werden, dass das Subsystem eines Dialektes eine andere Kategorie darstellt als etwa Situolekte und Idiolekte.

Um Zeit zu sparen, könnte eine Hälfte der Klasse den Aufbautext „Das theoretische Modell der inneren Mehrsprachigkeit“ (S. 20 f.) sowie die entsprechenden Aufgaben 1 und 2, die andere Hälfte der Klasse den Aufbautext „Die Varietäten des Deutschen“ (S. 21 f.) sowie die entsprechende Aufgabe 1 bearbeiten. Anschließend sollten die Gruppen ihre Ergebnisse präsentieren.

Der Vergleich der beiden Modelle (TH, S. 22, Aufgabe 2) kann im Placemat-Verfahren durchgeführt werden.

Lösungen

Klett Themenheft → S. 6

Problemhorizont: Innere Mehrsprachigkeit – Varietäten und Stile

1 Folgende Einteilung wäre denkbar:

- Standardsprache/Hochsprache: Guten Tag! – Grüß Gott! (in Süddeutschland, Österreich)
- Umgangssprache/Alltagssprache: Hallo! – Wie geht's, wie steht's? – Hi!
- Dialekt/Mundart: Gruezi! – Moin, moin! – Grüß Gott! – Grias di! – Grüß Eahna! – Tach! – Salü! – Servus! – Ahoi!
- Fachsprache/Fachjargon: Glück auf! – Ahoi!
- Gruppensprache/Sondersprache: Glück auf! – Ahoi! – Yalla! – Ey Alder, was geht?
- Migrantensprache: Yalla!
- Hohe Stilebene/pathetisch: Sei mir gegrüßt!
- Niedrige Stilebene/vulgär: Ey, du Arsch!
- Formeller Stil/öffentlich: Guten Tag! – Grüß Gott! (in Süddeutschland, Österreich) – Habe die Ehre! (in Österreich) – Gruezi! – Moin, moin! – Grüß Eahna!
- Informeller Stil/privat: Hallo! – Wie geht's, wie steht's? – Hi! – Ahoi! – Yalla! – Ey Alder, was geht? – Sei mir gegrüßt! – Ey, du Arsch!

Klett Themenheft → S. 7 f.

Varietäten der deutschen Sprache im Überblick

1 bis 3

Varietät	Text-nummer	Gruppe/Region/ Anwendungsbereich
Standardsprache	1; 10	nicht anwendungsbezogen, überregional
Alltagssprache	8	im PC-Shop
Umgangssprache	4; 9	unteres soziales Milieu
Regiolekte	2; 3; 5	alemannischer Sprachraum; Berlinerisch
Dialekte	3; 5; 9	Berlinerisch
Sondersprachen	1; 7; 8	Juristen; Informatiker, Hardware-Spezialisten
Fachsprachen	1; 7; 8	Verordnungen, Gesetzestexte; Fachgespräch
Soziolekte	6	Varietät innerhalb der Jugendsprache (Kanak Sprak)

Die Schüler sollten erkennen, dass die Zuordnung bei einigen Beispielen nicht eindeutig ist.

Beispiel 3 weist darüber hinaus weitere Besonderheiten auf: Zum einen ist Pauline keine Muttersprachlerin des Deutschen, zum anderen ist die Äußerung literarisch überformt (wie im Übrigen auch Beispiel 4) und drittens schließlich ist sie über 100 Jahre alt.

Klett Themenheft → S. 9

Variablen der Standardsprache

1 Weitere Beispiele:
- Regionale Variante: Samstag/Sonnabend (als Beispiel für den Wortschatz) – Zu beachten wären hier aber auch andere Parameter, z. B. Aussprache (etwa kein stimmhaftes „s" im Anlaut in Mittel- und Süddeutschland) oder Grammatik (etwa die Möglichkeit der doppelten Verneinung im süddeutschen Raum).
- Soziale Variante: Verwendung bzw. Vermeidung von Vulgarismen, Fremdwörtern, hypotaktischen Satzstrukturen
- Situative Variante: Zu beachten wären hier auch Varianten, die sich aus der sozialen Hierarchie der Sprecher ergeben (z. B. Vorgesetzter, Weisungsgebundener).

2 **a)** Beginn des apostolischen Glaubensbekenntnisses (in der ökumenischen Fassung): Ich glaube an Gott, den Vater, den Allmächtigen, den Schöpfer des Himmels und der Erde.

b) Sprachstufen könnten insofern als Varietäten gelten, als es sich um in sich geschlossene Varianten einer Sprache handelt. Tatsächlich sind Varietäten per Definition synchron.

Mario Wandruszka: Mehrsprachig in der Muttersprache

1 Gemeint ist, dass ein und dieselbe Person zum Beispiel privat vielleicht Dialekt spricht, in ihrem Beruf als Jurist „Amtsdeutsch" schreibt und bei ihrem Hobby als Lyriker eine künstlerische Sprache verwendet.

2 Hier sind individuelle Lösungen zu erwarten.

3 Wie ausgeprägt innere Mehrsprachigkeit bei einzelnen Menschen ist, hängt von zahlreichen Faktoren ab, zentral jedoch von regionaler Herkunft (wer als Kind keinen Dialekt erworben hat, wird in der Regel auch keinen mehr erlernen) und Bildung (Fachsprachen etwa müssen – zum Teil sehr mühevoll – erlernt werden).

Klett Themenheft → S. 10

Heiko Meixner: Krass history

1 Hier sind individuelle Lösungen zu erwarten.

2 Wortschatz: einige eigene Lexeme wie *anderskrass*, *brontal* oder *umbatschen*; Satzbau: keine Auffälligkeiten; Morphologie, z. B.: *da* als Artikel für Eigennamen, *der* bzw. *der was* als Relativanschluss

3 „Grammatische" Regeln lassen sich aus der Beschreibung der Morphologie ableiten, z. B.: Vor Eigennamen wird der Artikel *da* verwendet. Die Verbform 3. Person Singular Präsens Indikativ von *sein* heißt normalerweise *is*. Nach *so* kann der unbestimmte Artikel entfallen (z. B. *auch so krasser Checker*).

Klett Themenheft → S. 11 ff.

Heike Wiese: Jugenddialekt Kiezdeutsch: „Ich bin Alexanderplatz"

1 Wiese sieht das Kiezdeutsche als „Jugenddialekt" (vgl. Überschrift), d. h. als einen Dialekt, der von Jugendlichen gesprochen wird. Richtig ist also: A) und B).

2 Kiezdeutsch ist nach Wiese ein Dialekt, der bleiben wird. Kiezdeutsch wird vorwiegend von Jugendlichen gesprochen. Kiezdeutsch wird, wie alles, was nicht Standard ist, in der Gesellschaft zu Unrecht abgewertet. Kiezdeutsch ist kein Ethnolekt, d. h., es ist unabhängig von der ethnischen Herkunft.

3 Wieses Aussagen sind in sich widersprüchlich. Kiezdeutsch kann kein klassischer Soziolekt sein, da es laut Wiese offenbar auch Kiezdeutsch-Sprecher gibt, die in der Mittelschicht aufgewachsen sind (vgl. Wiese: „Das hängt aber davon ab, ob er selbst in der Mittelschicht aufgewachsen ist.", Z. 93 ff.). Auch ist nicht ganz klar, weshalb das Kiezdeutsche kein Ethnolekt sein soll. Abgesehen von den Entlehnungen aus dem Türkischen („moruk") sagt Wiese selbst: „Beim Kiezdeutsch haben wir außerdem viele Jugendliche, die mehrsprachig sind, mit Migrationshintergrund", Z. 40 ff.

Vgl. zu dieser Aufgabe auch KV 1, die zugleich auf Aufgabe 5 vorbereitet.

4 Das Kiezdeutsche hat insofern Merkmale eines Dialekts, als sich seine Besonderheit auf alle Sprachebenen (Lautebene/Phonologie, Morphologie, Lexik, Syntax, Idiomatik) erstreckt und v. a. in der Lautung und im Wortschatz eine deutliche Ausprägung besitzt. Es ist aber insofern kein Dialekt, als es nicht regional eingegrenzt werden kann.

5 Die kritische Stellungnahme sollte sowohl auf die Widersprüche in Wieses Argumentation eingehen als auch die positive Wertung der Varietät kritisch hinterfragen.

Klett Stundenblätter → S. 10 f.

Kopiervorlage 1

1 **A)** Zitat 1 widerspricht der übergeordneten Behauptung, Zitat 2 stützt sie.

B) Zitat 1 widerspricht der übergeordneten Behauptung insofern, als impliziert wird, dass eine „andere Varietät" ein höheres Prestige als das Kiezdeutsche besitzt; Zitat 2 stützt die übergeordnete Behauptung (jemand der die Standardvarietät auch beherrscht, entscheidet sich situativ dafür, das Kiezdeutsche zu sprechen, und ist damit kein „schlechter Sprecher" mehr).

C) Beide Zitate sprechen nicht für die übergeordnete Behauptung: Es gibt Entlehnungen aus dem Türkischen („moruk") und Kiezdeutsch wird von mehrsprachigen Jugendlichen mit Migrationshintergrund gesprochen.

2 Auffällig sind die vielen (auch indirekten Wertungen). Wertende Stellen sind etwa: „Das Wort wird mit Sprachproblemen assoziiert, nicht mit Innovation."/„alternative Möglichkeit, Deutsch […] zu sprechen"/„gibt uns das Kiezdeutsch Optionen zurück, die wir verloren hatten."/„Es passt einfach sehr gut in das System des Deutschen."

Wiese reagiert hiermit auf die negativen Wertungen, die durch den Interviewer ins Gespräch eingebracht werden, z. B.: „miesen Ruf"/„vulgär und falsch"/„Schrumpfgrammatik". – Wichtig ist, dass die Schüler erkennen, dass die Wertungen jeweils nicht begründet werden.

Klett Themenheft → S. 13 ff.

Helmut Glück: Sachtemang mit dit Kiezdeutsche

1 **A)** „Wieses Hypothesen stehen im Empirischen auf schwachen Beinchen." (Z. 25 f.): Da Wiese nur 24 Jugendliche befragt hat bzw. durch ungeschulte Helfer hat befragen lassen, ist die Datenmenge möglicherweise nicht nur unzuverlässig, sondern in jedem Fall (also auch wenn die ungeschulten Helfer korrekt gearbeitet haben) viel zu gering, um daraus allgemeine Aussagen abzuleiten. Außerdem wurden die Ausgangsdaten nicht veröffentlicht, sind also nicht (durch andere Fachwissenschaftler) kontrollierbar.

B) „Im Terminologischen sind diese Beinchen nicht stämmiger." (Z. 27 f.): Glück kritisiert damit die Tatsache, dass Wiese Kiezdeutsch als Dialekt bezeichnet.

C) „Heike Wiese hat die Sozialarbeit zur Leitschnur für die Sprachforschung gemacht." (Z. 185 f.): Gemeint ist damit, dass Wiese Kiezdeutsch sozial aufwerten möchte und sie diesem Ziel alles andere (also auch Methodik und fachwissenschaftliche Erkenntnisse) unterwirft.

2

Abschnitt	Inhalt in Stichworten
1	Erläuterung des Begriffs „Kiezdeutsch" und Bewertung als „gequetschte Sprechweise", die Heike Wiese als „fröhliche, beachtenswerte und nützliche Neuerung des Deutschen darzustellen" versuche.
2	Kritik am empirischen Vorgehen Wieses.
3/4	Kritik an der Einordnung Wieses des Kiezdeutschen als Dialekt.
5/6	Bestimmung des Kiezdeutschen als „transitorische Sondersprache"; Kiezdeutsch sei deshalb „kein Fall für die Dialektologie, sondern für die Sprachpsychologie und die Fehleranalyse".
7	Standarddeutsch sei kein Dialekt, wie Wiese behauptet; Wiese verkenne die Funktionen einer Schriftsprache.
8–10	Kiezdeutsch sei nichts prinzipiell Neues, vielmehr habe es auch früher Sprachmischungen gegeben, u. a. das Kohlenpott-Deutsch
11	Prominente „Sprecher" des Kiezdeutschen (Erkan und Stefan) sind Kunstfiguren, das Kiezdeutsche möglicherweise ein Kunstprodukt.
12	Es bestehe die Notwendigkeit, an der Schule Hochdeutsch zu unterrichten.
13/14	Behauptung, Wiese wolle das Kiezdeutsche „sozial aufwerten, aus der Schmuddelecke holen", wobei sie sozialintegrative Absichten verfolge.
15	Wiese habe „die Sozialarbeit zur Leitschnur für die Sprachforschung gemacht", weshalb ihre Erkenntnisse wissenschaftlich wertlos seien.

3 Weil das Kiezdeutsche nur unter Jugendlichen gesprochen wird, kann es kein Soziolekt sein, da Soziolekte nicht auf eine bestimmte Altersgruppe beschränkt sind.

4 Glück bezeichnet Kiezdeutsch als „transitorische Sondersprache" („transitorisch" meint dabei, dass die Sprechweise nur im Jugendalter verwendet, danach wieder abgelegt wird). Daneben wird Kiezdeutsch auch durch Vergleiche mit anderen (defizitären) Sondersprachen, wie etwa Kucheldeutsch und Polnisch-Platt mit Zungenschlag, bestimmt.

5 Wiese sieht im Standarddeutschen eine Varietät wie jede andere. (Kiezdeutsch stoße dazu „zu unserem bunten Spektrum", Z. 32 f.) Glück dagegen differenziert zwischen den Varietäten. Er verweist darauf, dass das Standarddeutsche ganz andere Funktionen als beispielsweise ein Dialekt habe, nämlich als schriftliche Verkehrssprache gebraucht werde.

6 und 7 Die Sprache Glücks wechselt zwischen sachlich darstellenden Passagen (dann in gehobener Standardsprache und z. T. mit fachwissenschaftlichem Vokabular, z. B. „transitorische Sondersprache") und sehr wertenden Passagen. Seine sprachlichen Mittel sind dabei ungewöhnlicher Wortgebrauch (z. B. „Mantra", „Schmuddelecke", „Pippi-Langstrumpf-Methode"), bildliche Sprache (z. B.: *„gequetschte* Sprechweise", „auf schwachen *Beinchen*", *„kapert* den Terminus", „Sie möchte an seinem Prestige *schnorren*.") und rhetorische Fragen.

Mit dieser wertenden Sprachverwendung zeigt Glück, wie wenig er von Wieses Thesen hält. Sachliche Auseinandersetzung damit verbietet sich ihm.

8 Es handelt sich bei dem Text um einen Zeitungsartikel, und der Autor versucht, mithilfe dieser Sprache sein im Grunde sprödes wissenschaftliches Thema unterhaltsam und provokant an den Leser zu bringen.

9 Mit diesem Hinweis, Kiezdeutsch sei möglicherweise ein Kunstprodukt, wird die Grundlage der Arbeit Wieses infrage gestellt, da sie zunächst bestimmen müsste, was sie eigentlich genau untersucht: Den ursprünglichen, medial unverfälschten Ethnolekt Berliner Jugendlicher (dann mutmaßlich mit Migrationshintergrund), die medial aufbereitete Version dieses Ethnolekts oder die Übernahme der medial aufbereiteten Version durch Jugendliche (dann auch ohne Migrationshintergrund und schichtunabhängig).

Wahrscheinlich handelt es sich um eine wechselseitige Beeinflussung (auch Glück selbst sagt ja, dass die Varietät zunächst irgendwo „aufgeschnappt" wurde, d. h. zuvor schon dagewesen sein muss), wobei die mediale Verbreitung und Aufbereitung (Vgl. auch den Text von Alex Rühle, TH, S. 17) dem Prestige des Kiezdeutschen sicher genützt hat.

Klett Stundenblätter → S. 12 f.

Kopiervorlage 2

1 Wieses Dialektbestimmung ist falsch (= These), weil:
- Argument 1: Dialekt per Definition regional ist;
- Argument 2: Dialekt – im Gegensatz zum Hochdeutschen – funktional mündlich ist;
- Argument 3: das Hochdeutsche im Bürgertum entwickelt und dem Volk nicht aufgezwungen wurde.

2

	Behauptung	Begründung
1	Heike Wieses Arbeit ist empirisch schwach.	Befragung von 24 Jugendlichen reicht nicht; Befragung wurde außerdem von ungeschulten Jugendlichen gesammelt; Transskripte wurden nie veröffentlicht
2	Wieses Darstellung ist trivial.	Die Tatsache, dass das Kiezdeutsche eine Grammatik und einen Wortschatz besitzt, trifft auf alle sprachlichen Äußerungen zu.
3	Wieses Darstellung lässt die historische Dimension der Bestimmung außer Acht.	Wiese leistet in ihrer Arbeit keinen Vergleich zu anderen Sprachmischungen wie z. B. Kucheldeutsch.
4	Wiese lässt die mögliche mediale Vermitteltheit außer Betracht.	Vergleich der medialen Präsentation des Kiezdeutschen mit der des Ruhrdeutschen.
5	Wiese ist offen parteilich, weshalb ihre Darstellung wissenschaftlich wertlos ist	–

3 Die Behauptung steht wohl ohne Begründung, da es Allgemeingut ist, dass Wissenschaft sachlich zu sein hat.

4 Implizite These = Heike Wieses Arbeit ist fachlich unzulänglich.

5 **A)** Kiezdeutsch ist transitorisch, weil die Sprechweise wieder abgelegt wird (d. h., Kiezdeutsch zählt zu den Sprechweisen, die unter dem Sammelbegriff „Jugendsprache" gefasst werden); **B)** Kiezdeutsch ist Sondersprache, weil es weder ein Dialekt noch ein Soziolekt ist.

6 Glücks Argumentation ist streng genommen unvollständig, da er noch nachweisen müsste, dass Kiezdeutsch auch keine Fachsprache ist. Dies darf aber als selbstverständlich vorausgesetzt werden und ist auch noch nie ernsthaft behauptet worden.

Klett Themenheft → S. 16

Wörterbuch der Szenesprachen

1 Zu erwarten ist, dass sich die Schüler kritisch zu solchen Wörterbüchern äußern.

2 Den Wert der Einträge können die Jugendlichen am besten beurteilen. Wichtig ist, dass sie ihre Einschätzung gut begründen bzw. belegen (etwa durch eigene Erfahrungen).

Klett Themenheft → S. 16 f.

Alex Rühle: Affengeil hat ausgefetzt

1 **A)** „rudimentär": hier „stark eingeschränkt"

B) „Prestigefunktion von Jugendlichkeit": Jugendlichkeit besitzt einen hohen Wert in der Gesellschaft.

C) „sprachliche Einheiten de- und rekontextualisieren": Jugendliche verwenden Wörter und Phrasen aus den Medien in anderen Zusammenhängen.

D) „verfallsgeschichtliche Lamenti": Klage, Gejammer

2 Rühle übt Kritik an Wörterbüchern zur Jugend- bzw. Szenesprache:
- Beobachtung: Wörterbücher zur Jugendsprache haben in den letzten Jahren überhand genommen.
- Frage: Wer kauft diese Bücher?
- Historischer Exkurs: Solche Bücher gab es schon im 19. Jahrhundert.
- Unterschied früher und heute: Früher schwand mit dem Ende der Jugend das Interesse an dieser Art Sprache, heute versuchen Erwachsene mit diesen Wörtern zu beeindrucken.
- These: Jugendliche haben die Wörter in diesen Szene-Wörterbüchern nie gehört.
- Grund: Für die Erwachsenen sind solche Wörterbücher wichtig, weil sie von der Prestigefunktion von Jugendlichkeit profitieren möchten.
- Neue These: Typisch für Jugendsprache ist das Spiel mit Versatzstücken der Sprache, nicht die Verwendung einzelner Szenewörter.
- Vermutung: Jugendsprachliche Manierismen werden von den Medien beeinflusst.
- Schlussfolgerung: Das hat seinen wahren Kern.

3 Die Schüler können hier auf der Grundlage ihrer Vorarbeit (Aufgabe 2) einen zusammenhängenden Text verfassen: Hauptgrund ist die unterstellte Prestigefunktion der Jugendlichkeit. Weitere Gründe sind angedeutet: Möglicherweise kaufen sich manche Menschen die Bücher einfach in der Hoffnung, die Jugendlichen (auch in ihrem Wesen) besser zu verstehen. Zum Erfolg der Bücher dürften auch die Medien als Teil der „Unterhaltungsindustrie" beitragen.

4 Die Funktion der Sondersprache liegt vor allem in der Abgrenzung gegenüber anderen sozialen Gruppen. Jugendsprache hat so auch die Funktion, ihre Sprecher von der Erwachsenenwelt abzugrenzen.

5 Für die Erwachsenen hat die Verwendung der Jugendsprache bzw. jugendsprachlicher Ausdrücke die „Prestigefunktion von Jugendlichkeit", sie sehen außerdem „wie in einem matten Spiegel die eigenen Begriffe der Jugendzeit aufblinken" (vgl. Z. 66 f.). Trotz der in Aufgabe 4 angesprochenen allgemeinen Funktion eines jugendsprachlichen Jargons mutmaßt Rühle (und das wohl nicht zu Unrecht), dass die tatsächliche Bedeutung entsprechender Sprechweisen für Jugendliche eher gering ist, dass es sich also um „von der Unterhaltungsindustrie gesteuerte" „Manierismen" handelt.

Klett Themenheft → S. 18

Funktionalstile (Beispiele)

1 *Beispiel 1:* „Amtsdeutsch", wie in Verordnungen, Gesetzen, Urkunden usw.
Beispiel 2: Presse- bzw. Mediensprache, d.h. die Sprache in Zeitungen, den Nachrichtensendungen usw.
Beispiel 3: künstlerische Sprache, wie sie in Romanen, Erzählungen usw. typisch ist
Beispiel 4: Alltagssprache

2 *Beispiel 1:* Sätze oft ohne menschliches Agens (z. B. „Prüfungsfächer sind zu belegen"); viele Nomen, darunter Fachwörter (z. B. „Ergänzungsfächer"); genaue Angaben.
Beispiel 2: Standardsprache, d.h. ohne Auffälligkeiten.
Beispiel 3: Hier nur ein Satzgefüge, das noch nicht einmal mit einem Punkt schließt. Bildhafte, anschauliche Sprache.
Beispiel 4: Auffallend viele kurze Sätze, in einem Fall mit Markierung der Aussprache („Es. ist. der. Horror."); mit saloppen Ausdrücken (z. B. „es ist zum Heulen"); im speziellen Fall zugleich mit Fachwortschatz (z. B. „Linguisten", „Seminare") und gehobenen Ausdrücken („diverse", „Worthülsen").

3 *Beispiel 1:* fachsprachlicher Stil
Beispiel 2: publizistischer Stil
Beispiel 3: künstlerischer Stil
Beispiel 4: alltagssprachlicher Stil

Klett Themenheft → S. 20 f.

Peter Braun: Das theoretische Modell der inneren Mehrsprachigkeit/ Helmut Henne: Die innere Mehrsprachigkeit des Deutschen (Grafik)

1 Hennes Modell verdeutlicht, wie die verschiedenen Varietäten des Deutschen miteinander verbunden sind: Im Zentrum stehen dabei die sogenannten Funktionalstile (= sprachliche Funktionsbereiche, die an einen konkreten, außersprachlich bestimmten Bereich angepasst sind), die zugleich mit der Mediensprache die Standardsprache bilden. Um diesen Standard herum existieren weitere Varietäten, die einerseits vom Standard beeinflusst sind, andererseits aber auch auf den Standard Einfluss nehmen können.

2 Zwischen den Funktionalstilen des Standards und den Varietäten gibt es eine gegenseitige Beeinflussung: So orientieren sich Varietäten meist an den wesentlichen grammatischen Regeln des Standards. Umgekehrt werden Wörter aus den unterschiedlichsten Varietäten (z. B. aus Fachsprachen oder der Jugendsprache) häufig zum Standard.

3 Da sich – vgl. Aufgabe 2 – die Varietäten meist sowohl am grammatischen (Aussprache, Morphologie und Syntax) als auch am lexikalischen System des Standards orientieren, lassen sich solche Varietäten vergleichsweise leicht erwerben. (Aufgrund der z. T. stark abweichenden Aussprache bilden hier Dialekte eine Ausnahme.) Andere Sprachen dagegen müssen, selbst dann, wenn eine enge Verwandtschaft besteht (wie z. B. zwischen Deutsch und Englisch), vergleichsweise mühsam gelernt werden.

Klett Themenheft → S. 21 f.

Heinrich Löffler: Die Varietäten des Deutschen

1 Das Modell unterteilt die Sprache zunächst in zwei Domänen, nämlich die gesprochene Sprache und die geschriebene Sprache, die beide, wenn auch in je unterschiedlicher Weise", von „Lekten", also „gebündelten Textexemplaren" mit gemeinsamen Merkmalen beeinflusst sind. Die „Lekte" ihrerseits können teilweise weiter ausdifferenziert werden und deuten so die Komplexität der Sprachwirklichkeit an.

2 Beide Modelle verdeutlichen zunächst, dass es nicht nur *ein* Deutsch gibt, sondern dass das Deutsche aus einer Vielzahl von Varietäten besteht, die jedoch gleichsam ein Zentrum, einen „inneren Kreis", besitzen. Während nun das Löffler'sche Modell diesen inneren Kreis als die Schnittmenge verschiedener „Lekte" bestimmt, sieht Henne das Zentrum durch das bestimmt, was Löffner als Funktiolekte bezeichnet.

In beiden Modellen kommt eine sehr verschiedene Sicht auf Sprache zum Ausdruck: Der Blick des allgemeinen Sprachwissenschaftlers Helmut Henne richtet sich auf das Systemhafte der Sprache, für den Soziolinguisten Löffler steht dagegen die Vielfalt der Sprachwirklichkeit im Mittelpunkt.

Modul II: Sprachwandel und Sprachkritik

INTENTION	Das Modul präsentiert zunächst sprachkritische Texte, die einerseits unterschiedliche inhaltliche Bereiche (Anglizismen, Kasus bzw. Deklination, politisch korrekte Sprache und sprachliche Worthülsen im öffentlichen Sprachgebrauch) behandeln, andererseits unterschiedlichen Textsorten (von der feuilletonistischen Glosse über populärwissenschaftliche Texte bis hin zum wissenschaftlichen Essay) präsentieren. Die Schüler sollen hier nicht nur mit den entsprechenden sprachlichen Tendenzen in ihrem ganzen möglichen Spektrum vertraut werden, sondern sich auch die Textsorte „Sprachglosse" erarbeiten. Das Thema „Sprachkritik" wird anschließend mithilfe des Textes „Welches Deutsch sprechen wir in 50 Jahren?" in den historischen Kontext des Sprachwandels gestellt.
ZEITBEDARF	3 Unterrichtsstunden bzw. 2 Unterrichtsstunden Das Modul kann, wenn nötig, stark verknappt werden. So kann auf das Thema „Anglizismen" ganz verzichtet und das Thema Sprachkritik an einem Text exemplarisch behandelt werden.
MATERIAL	Klett Themenheft, S. 23: Titelseite der Zeitschrift GEO Klett Themenheft, S. 24 f.: André Meinunger: Nun doch etwas zu Anglizismen Klett Themenheft, S. 25: Definition: Anglizismus Zusatztexte online: Lynda Mugglestone: Kekse sind ein sehr sensibles Thema/ Eike Christian Hirsch: Wie es sich anfühlt, Klett Themenheft, S. 25 Klett Themenheft, S. 26 f.: Wolf Schneider: Volkes Maul ist nicht genug Klett Themenheft, S. 27 f.: Dieter E. Zimmer: Migrationshintergrund Klett Themenheft, S. 29: Uwe Pörksen: Plastikwörter. Die Sprache einer internationalen Diktatur Klett Themenheft, S. 30 ff.: Tobias Hürter: Welches Deutsch sprechen wir in 50 Jahren? *Klett Stundenblätter, S. 14: KV 3: Sprachskepsis um 1900 kennenlernen* Zusatztext online: Rudi Keller: Sprachwandel – Die Theorie der unsichtbaren Hand, Klett Themenheft, S. 32 *Klett Stundenblätter, S. 15: KV 4: Sprachliche Tendenzen des heutigen Deutsch bewerten*
DIDAKTISCHE HINWEISE	Sprachwandel vollzieht sich in längeren Zeiträumen, die die Lebensspanne einzelner Sprecher einer Sprache weit überschreiten; entsprechend ist Sprachwandel nur im historischen Vergleich wahrnehmbar. Was ein einzelner Sprecher dagegen sehr wohl beobachten kann, sind Tendenzen der Gegenwartssprache, aus denen sich im Laufe der Zeit Normveränderungen und damit Sprachwandelprozesse ergeben können. Auf diese Tendenzen der Gegenwartssprache wird der durchschnittliche Sprecher dabei in der Regel durch Sprachkritik aufmerksam. Bei der Arbeit mit den sprachkritischen Texten sollte immer der mögliche Sprachwandel mitgedacht werden. Das bedeutet nicht, dass man sich einer eigenen Meinung zu den angesprochenen Aspekten (den „Fehlern", die gemacht werden) enthalten muss, aber man sollte doch auch bedenken, dass es in der Sprache ohne Normverletzungen keine Veränderungen gibt (was im Umkehrschluss natürlich nicht heißt, dass jede Normverletzung einen Sprachwandelprozess einleitet oder begünstigt). Mit Ausnahme des Auszugs aus dem Essay „Plastikwörter. Die Sprache einer internationalen Diktatur" von Uwe Pörksen sind die Materialien dieses Moduls inhaltlich leicht fasslich, sodass sie verstärkt selbstständig durch die Schüler erarbeitet werden können.

ZIELVORSTELLUNGEN/ KOMPETENZ-BESCHREIBUNGEN

Die Schülerinnen und Schüler erwerben bzw. verfestigen folgende Kompetenzen. Sie
- werten Abbildungen aus
- benennen Bereiche der Sprachkritik
- bewerten Formen der Sprachkritik
- definieren die Textsorte Sprachglosse
- erkennen Phänomene des historischen Sprachwandels
- entnehmen Texten Informationen
- fassen Texte zusammen
- ermitteln und bewerten Textaussagen und -intentionen kritisch
- ziehen Schlussfolgerungen aus Texten
- beziehen Aussagen unterschiedlicher Texte aufeinander

DURCHFÜHRUNG/ UNTERRICHTSSCHRITTE „SPRACHWANDEL UND SPRACHKRITIK" KV 3 UND KV 4

1. Das GEO-Titelblatt vom November 2012 greift die immer wieder gern verbreitete Theorie vom Niedergang der deutschen Sprache auf. Die Beispiele schaffen einen Rückbezug zur Behandlung der Varietäten und bereiten die Basistexte zum Thema Anglizismen (TH, S. 24 f.) vor.

2. Die folgenden Texte zum Thema Anglizismen sind nicht schwierig und können von den Schülern gut selbstständig in Partnerarbeit durchgenommen werden.
Die Online-Texte von Lynda Mugglestone und Eike Christian Hirsch (vgl. „Tipp zur Weiterarbeit", TH, S. 25) können, wenn gewünscht, zur Vertiefung herangezogen werden. Das Interview mit der britischen Sprachwissenschaftlerin Mugglestone verlangt einen Perspektivwechsel, weil das Thema Sprachkritik und Sprachwandel im Hinblick auf die englische Sprache betrachtet wird. Eike Christian Hirschs Sprachglosse persifliert den Einfluss, den die deutsche Synchronisation amerikanischer Serien auf die deutsche Sprache hat.

3. Mithilfe des Basistextes „Volkes Maul ist nicht genug" (TH, S. 26 f.) wird die Textsorte Sprachglosse erarbeitet. In dem Text verteidigt Wolf Schneider nicht nur die Berechtigung von Sprachkritik, sondern demonstriert sie auch gleich praktisch, indem er fehlerhafte Deklinationen kritisiert. Anders als Schneider, der sich mit formalen Fragen (der Flexion) befasst, rührt der Basistext „Migrationshintergrund" von Dieter E. Zimmer an ein fundamentales Problem, nämlich an die Zusammenhänge von Sprache, Bewusstsein und Wirklichkeit. Lässt sich das Bewusstsein mithilfe von Sprachverwendung beeinflussen, wie die Befürworter der „political correctness" annehmen? Im Vergleich der Texte von Schneider und Zimmer sollen die Schüler erkennen, dass Sprachkritik sich nicht erschöpft im Verweis auf fehlerhafte Sprachverwendung, sondern auch Grundfragen nach der Erkenntnisfunktion von Sprache berührt.
Im Anschluss an die Erarbeitung der beiden Texte sollte eine abschließende Diskussion über Bereiche und Nutzen einer Sprachkritik (TH, S. 27, Aufgaben 4, 5; TH, S. 28, Aufgaben 4, 5) erfolgen.

4. Mit dem Aufbautext „Plastikwörter. Die Sprache einer internationalen Diktatur" (TH, S. 29) kann der Zusammenhang zwischen Sprechen und Denken ebenso vertieft werden wie mit KV 3, die die Sprachskepsis um 1900 thematisiert. Mithilfe des Rilke-Gedichtes „Ich fürchte mich so vor der Menschen Wort" und einem Ausschnitt aus dem „Chandos-Brief" Hofmannsthals wird der Zusammenhang von Sprache und Wirklichkeit in den historisch-literarischen Kontext gestellt und ein Grundgefühl aufgezeigt, das konstitutiv ist für große Bereiche der Lyrik im 20. Jahrhundert.

5. Der abschließende Basistext „Welches Deutsch sprechen wir in 50 Jahren?" (TH, S. 30 ff.) macht die Schüler schließlich nicht nur mit weiteren aktuellen Tendenzen des Deutschen bekannt, sondern ordnet diese auch in den generellen Sprachwandel ein. Als Einstieg in den Text oder ergänzend zur Textlektüre kann KV 4 (vgl. S. 15) eingesetzt werden, die aktuelle Sprachtendenzen tabellarisch-übersichtlich zusammenfasst. Das Arbeitsblatt bildet gleichsam die Arbeitsweise der beschreibenden (deskriptiven) Grammatik ab, in der ein bestimmtes Sprachvorkommen zunächst beschrieben und hinsichtlich seiner Akzeptanz bewertet wird. Was richtig und was falsch ist, entscheiden dann die Sprachbenutzer. (Wenn die Schüler empirische Sprachforschung betreiben wollen, könnten sie das Blatt hinreichend oft kopieren und von möglichst vielen Menschen, z. B. in der Innenstadt, ausfüllen lassen.)
Der Online-Text von Rudi Keller „Sprachwandel – Die unsichtbare Hand" (vgl. „Tipp zur Weiterarbeit", TH, S. 32) liefert die theoretische Fundierung des Sprachwandels aus der Sicht der Wissenschaft. Mithilfe seiner Theorie der unsichtbaren Hand wird Sprachwandel sehr anschaulich erklärt.

Lösungen

Klett Themenheft → S. 23

Titelseite der Zeitschrift GEO

1 Die aufgelisteten Beispiele sind typische Fehler, die meist gleich die Sprachwächter auf den Plan rufen: Anglizismen, Kiezdeutsch, grammatikalische und orthografische Verstöße, SMS-Deutsch. Über die Zuordnung sollte zugleich die sprachliche Charakterisierung bzw. Beschreibung der Beispiele geleistet werden, z. B. „Sport fällt aus, weil die Halle zu ist." als Beispiel für eine umgangssprachliche Äußerung oder Kurzmitteilung (umgangssprachlich durch das epistemische „weil").

2 Das Suchen weiterer Beispiele kann zur Diskussion der Frage führen, ob die Schüler die deutsche Sprache überhaupt bedroht sehen.

Klett Themenheft → S. 24 f.

André Meinunger: Nun doch etwas zu Anglizismen

1 Unter Sprachwissenschaftlern ist es unumstritten, dass es echte Synonymie nicht (dauerhaft) gibt, da sich keine Sprache (dauerhaft) den Luxus erlaubt, dasselbe Konzept doppelt abzubilden. Bei den sogenannten „partiellen Synonymen" kommt es also darauf an, Bedeutungsnuancen zu identifizieren.

2 Meinunger sieht in Anglizismen keine Bedrohung des Deutschen, sondern eher eine Bereicherung, nämlich dann, wenn bestehende Konzepte erweitert werden.

3 Meinungers wichtigstes Argument ist, dass englische Wörter sich nur dauerhaft im Deutschen durchsetzten können, wenn sie neue Bedeutungen einbringen. Er verweist darauf, dass Sprachen echte Synonyme nicht dulden, weil sie überflüssig sind. Dieses Argument belegt er mit zahlreichen Beispielen und zeigt am Wort „Event", dass damit tatsächlich partiell etwas anderes gemeint ist als mit „Ereignis".

4 Der Text stellt eine Mischung aus Alltagssprache (z. B. „wie sie im Buche stehen", „teutonische Seele") und sprachwissenschaftlicher Fachsprache dar. Daneben ist der Autor bemüht um ungewöhnliche, auffallende Formulierungen („teutonische Seele", „man wittert Bedrohung", „platter Purismus", Z. 5 ff.), die die Aufmerksamkeit des Lesers für das eher spröde Thema wecken sollen. Er will sich als qualifizierter Experte ausweisen und gleichzeitig für eine breite Leserschaft schreiben.

5 Die Argumentation ist insgesamt überzeugend, wenn auch das Beispiel „Loser" den Mehrwert von Anglizismen gerade nicht verdeutlicht (der Fehler Sicks war, „Loser" mit „Verlierer" zu kontrastieren, ob „Loser" dagegen ein anderes Konzept als „Versager" ausdrückt, bleibt offen). Die Bewertung der Sprache ist letztlich Geschmackssache, aber Meinungers Bemühungen, nicht nur fachwissenschaftlich zu schreiben, sind offensichtlich.

6 Welche Wörter die Schüler auswählen, liegt bei ihnen (vielleicht „Feeling", „canceln", „chillen", „Shop", „Song", „downloaden", …). Häufig werden die Wörter aus den Bereichen Mode und Freizeit stammen.

7 Hier kommt es darauf an, dass die Schüler sich für die von ihnen ausgewählten Wörter klarmachen, ob und was sie innerhalb der deutschen Sprache leisten.

Definition: Anglizismus

1 Bekannte Beispiele sind: „Das macht Sinn.", „Der/Mein Punkt ist …", „nicht wirklich" (statt „eigentlich nicht"), „etwas erinnern". – Häufig anzutreffen ist dann auch der früher falsche, mittlerweile aber erlaubte Genitivapostroph (z. B. „Heike's Imbiss").

2 Man spricht hier von Schein- oder Pseudoanglizismen; weitere Beispiele sind etwa „catchen" statt „wrestling", „Dressman" statt „male model", „Happy End" statt „happy ending", „Tramper" statt „hitchhiker" oder „Twen" statt „young adult", „Oldtimer" (im Englischen „alter Hase") statt „vintage car", „Beamer" statt „projector" oder „checken" statt „understand".

3 Mit dieser Aufgabe können die Schüler sich im schriftlichen Erörtern üben. Beachtet werden sollte, dass die Fragestellung als Ausgangspunkt die eigene Wahrnehmung der Schüler bestimmt, sodass die Schüler inhaltlich eigentlich alle Freiheiten haben, gleichwohl müssen sie natürlich ihre Meinung gut begründen und mit Beispielen belegen.

Klett Themenheft → S. 26 f.

Wolf Schneider: Volkes Maul ist nicht genug

1 Für den ersten Teil kann die Überschrift des Gesamttextes übernommen werden; für den zweiten Teil könnte die Überschrift z. B. lauten: „Über die Deklinationsfaulheit".

2 Jahrhundertelang haben sich Dichter, Mönche und Lehrer erfolgreich für das Einhalten sprachlicher Normen und korrekter Standards eingesetzt. Im „Zusammen- und Gegeneinanderwirken der […] experimentierenden und der reglementieren Kräfte" (Z. 37 ff.), d. h. im Zusammenspiel von Sprachentwicklung und von Sprachkritik, sind, so Schneider, „die großen Sprachen groß geworden" (Z. 41 f.). Dabei sollte man es belassen. Es gebe eine historische Pflicht, die Sprache sorgsam zu behandeln, deshalb dürfe man die Sprachentwicklung nicht allein dem Sprachgefühl des „einfachen Volkes" überlassen, das zum schlampigen Umgang mit der Sprache neige.

3 Sprachglossen bestehen im Wesentlichen aus drei Elementen: (viele) anschauliche Beispiele für einen sprachlichen Fehler, die negative Bewertung dieses Fehlers (bis hin zum Lächerlichmachen), Regelerläuterung. Häufig wird außerdem der Leser explizit dazu aufgefordert, Fehler dieser Art zu vermeiden.

4 Schneider sieht die Journalisten in der besonderen Verantwortung (in Z. 33 f. nennt er „Lehrer und Journalisten"). Ihre Texte haben Vorbildcharakter, deshalb ist es besonders wichtig, dass gerade sie verständlich, sprachlich angemessen und grammatisch korrekt schreiben.

5 Zu bedenken ist, dass die Geltung von Normen durch entsprechende Kritik gefestigt wird (und Normen selbst sind durchaus sinnvoll, erleichtern sie doch das allgemeine Verständnis und sichern Ausdrucksvielfalt). Andererseits sind, provokant gesagt, die Fehler von heute die Normen von morgen, ist doch sprachliche Variation die Voraussetzung für den Sprachwandel.

Sprachkritik erreicht in der Regel nur einen eingeschränkten Leserkreis, unter dem sich außerdem meist auch gerade nicht die Sprachbenutzer befinden, deren Ausdrucksweise kritisiert wird. (Wenn also etwa das „Kiezdeutsche" kritisiert bzw. darüber debattiert wird, dürften die Sprecher dieser Varietät dies im Normalfall, wenn überhaupt, allenfalls am Rande realisieren.) Mit anderen Worten: Sprachkritik richtet sich an einen ohnehin sprachbewussten, in der Sprachverwendung normorientierten und überdurchschnittlich gebildeten Leserkreis und entfaltet deshalb auch meist nur eine bestätigende Wirkung. Andererseits kann diese bestätigende Wirkung der Sprachkritik innerhalb dieser Gruppe normbewahrend wirken, handelt es sich doch oftmals (etwa bei den von Schneider erwähnten Lehrern oder Journalisten) um Sprachbenutzer, die auf andere Sprachbenutzer einwirken können.

Klett Themenheft → S. 27 f.

Dieter E. Zimmer: Migrationshintergrund

1 Gesucht sind Euphemismen, z. B. „lernschwach" für „dumm" (vgl. Z. 34), „vollschlank" für „dick", „adipös" für „fett", „Facility Manager" statt „Hausmeister" usw.

2 Zum einen gibt es eine semantische Lücke im Deutschen, da eine Bezeichnung für Deutsche, deren Eltern Ausländer sind, fehlt. Zum anderen soll der Begriff eine negative Konnotation verhindern (es geht also um eine „sprachliche Weltverschönerungsmaßnahme", Z. 23).

3 Zimmer vertritt die Auffassung, dass Euphemismen ihre beabsichtigte Wirkung verfehlen, weil die negativen Konnotationen der alten Begriffe auf die neuen übertragen würden. Er räumt jedoch ein, dass „semantische Manipulationen" (Z. 35) nicht ganz ohne Wirkung bleiben. Gerade im politischen Bereich ist für ihn der „Kampf um die Begriffe" auch der „Kampf um die Deutungshoheit" (Z. 37 f.), weil Bezeichnungen für Sachverhalte doch ihre Spuren in den Köpfen der Menschen hinterlassen.

Am Beispiel des Begriffes „schwul" weist Zimmer nach, dass durchaus positive Umdeutungen möglich sind, allerdings nicht durch einen Euphemismus, sondern die positive Konnotation der alten Begrifflichkeiten.

Zimmer bringt seine inhaltliche Ablehnung der verordneten Euphemismen auch durch tendenziell abwertende Ausdrücke, wie eben „sprachliche Weltverschönerungsmaßnahme" oder „neue sprachliche Einkleidung", zum Ausdruck.

4 Anders als Schneider, der sich mit formalen Fragen (der Flexion) der Sprachkritik befasst, rührt Zimmer mit seiner Kritik an ein fundamentales Problem, nämlich an die Zusammenhänge von Sprache, Bewusstsein und Wirklichkeit.

Grundsätzlich kann sich Sprachkritik auf alle Sprachebenen (von der Aussprache bis zur Pragmatik) beziehen.

5 Zentral ist hier, dass sich die Schüler die Vorteile eines politisch korrekten Sprachgebrauchs (Schutz von Minderheiten, Vermeidung von eventuell diffamierenden Ausdrücken) – trotz der durchaus berechtigten Kritik Zimmers – ebenfalls klarmachen.

Klett Themenheft → S. 29

Uwe Pörksen: Plastikwörter. Die Sprache einer internationalen Diktatur

1 Plastikwörter verfügen über einen hohen Abstraktionsgrad, ihre Bedeutungen sind universell und ahistorisch. Sie lassen sich leicht austauschen und haben die Fähigkeit, untereinander beliebig Ketten zu bilden. Die Tendenz zu dieser Plastiksprache hat sich in allen Weltsprachen ausgebreitet.

2 Dieter E. Zimmer und Pörksen setzen mit ihrer Kritik auf der semantischen Ebene an. Beide kritisieren einen Sprachgebrauch, der einen konkret benennbaren Sachverhalt verschleiern bzw. beschönigen will, um von den realen Verhältnissen abzulenken.

3 Jede Rede, insbesondere aber die öffentliche Rede, sollte darauf gerichtet sein, alle Sachverhalte so konkret und anschaulich wie möglich zu benennen (also keine Euphemismen und Plastikwörtern benutzen).

4 Beide Autoren sind der Ansicht, dass eine Umdeutung von Begriffen auch zu einer veränderten Weltsicht bei den Sprachbenutzern führt, obschon beide andere Mechanismen am Werke sehen: Zimmer geht davon aus, dass eine Umdeutung über die Veränderung des Konnotationspotenzials von Begriffen bewirkt werden kann (wenn „schwul" positiv konnotiert ist, sind es Schwule, also Homosexuelle, auch). Pörksen sieht die Umdeutung als Begriffsentleerung, d. h. positiv konnotierte Begriffe verlieren ihr Denotat und funktionieren nur noch über ihre Konnotation.

Klett Stundenblätter → S. 14

Kopiervorlage 3

1 Der Sprecher im Gedicht fürchtet sich vor der Menschen Wort, weil er empfindet, dass sie mit Worten die Dinge umbringen, d. h. den Dingen nicht gerecht werden.

2 **A)** Um den Wahrheitsgehalt des Satzes zu bestimmen, müsste zunächst definiert werden, was „gut" ist bzw. wann jemand ein „guter Mensch" ist. Es wäre dann zu überprüfen, ob diese Bestimmung auf Prediger T. zutrifft.

B) Die Beziehung zur Wirklichkeit hat zwei unterschiedliche Dimensionen: Zunächst wäre zu hinterfragen, ob Prediger T. schon immer ein guter Mensch war oder ob er jetzt oder gerade jetzt in diesem Augenblick ein guter Mensch ist. In einem tieferen Sinne ist fraglich, ob ein solcher Satz den Prediger charakterisiert, d. h., ob er dem Menschen T. gerecht wird. (Was wissen wir über Prediger T., wenn wir wissen, dass die Bestimmung „guter Mensch" auf ihn zutrifft?)

C) Der Satz stellt insofern ein taugliches Mittel dar, als z. B. Person A zum Ausdruck bringt, dass sie positiv über T. denkt. Andererseits ist die Aussage sehr konventionalisiert und damit unspezifisch, d. h., dass z. B. Person B auch nicht viel mehr erfährt, als dass Person A positiv über T. denkt.

3 Der „Brief" des Lord Chandos fasst ein Gefühl zusammen, das konstitutiv für die Lyrik des 20. Jahrhunderts werden wird: Lord Chandos fühlt sich außerstande, mithilfe der Sprache die Welt abzubilden. Dieses Gefühl verstärkt sich bei den Lyrikern des 20. Jahrhunderts. Sie retten sich in Chiffren, d. h., die Bilder sind nicht mehr Abbild einer realen Welt. Sie enthalten keinen Wirklichkeitsbezug mehr, sondern sind nur von der Gefühls- und Erfahrungswelt des Dichters her entschlüsselbar. Gottfried Benn brachte in einem Gedicht dieses Gefühl einmal in Worte: Aus Chiffren steige „jäher Sinn" und sie erhellten wie ein Blitz für kurze Zeit den leeren Raum um „Welt und Ich".

Klett Themenheft → S. 30 ff.

Tobias Hürter: Welches Deutsch sprechen wir in 50 Jahren?

1 Im Text wird unterschieden zwischen den Zeiträumen vor Martins Luthers Bibelübersetzung (Anfang des 16. Jahrhunderts) und den Zeiträumen danach, in denen der Wandel „eher ruhig" (vgl. Z. 190 f.) verlief.

2

Veränderung Wortschatz	Veränderung Grammatik	Veränderung Aussprache
Bedeutungsveränderungen (wie in früheren Zeiten „merkwürdig", „weil" usw.)	Dativpassiv („Ich bekomme schon geholfen!")	Abnutzungsprozesse („ham")
Unbestimmter Demonstrativartikel („son", „sone")	Epistemisches „weil" („Peter ist schon weg, weil sein Auto steht nicht mehr im Hof.")	Schwund des Silbenschnitts („roh" mit kurzem Vokal)
Starker Einfluss des Englischen	Wandel starker Verben zu schwachen („er schraubte")	
	Rheinische Verlaufsform („Er ist gerade Suppe am Kochen.")	

3

- „Kulturelle und soziale Veränderungen" spielen eine Rolle: Migranten, das Internet, Werbung, Einflüsse anderer Sprachen (Z. 36 ff.)
- „Lebende Sprachen verändern sich mit der Welt, über die sie sprechen." (Z. 60 ff.)
- Natürlicher Wandel der Sprache: Wörter schleifen sich ab, verändern ihre Bedeutung. Auch die Grammatik „glättet sich im Lauf der Zeit" (Z. 104 f.).
- Jede sprachliche Neuerung beginnt mit einem Regelverstoß, der mit der Zeit zur neuen Regel wird

4 Neben der wissenschaftlichen und damit sachlich-feststellenden Sicht auf den Sprachwandel wurde und wird Sprachwandel von fast jeder Generation (vgl. Z. 48 ff.) beklagt.

5 Hürter sieht den Wandel als Teil eines natürlichen Entwicklungsprozesses und bewertet ihn positiv (vgl. z. B. „Entwicklungsschub", Z. 249, Z. 269 f.)

Klett Stundenblätter → S. 15

Kopiervorlage 4

1

	Beispielsätze	Begründung für Abweichung vom Standard
A	Ich bin gerade am Lernen.	Statt: Ich lerne gerade. – Sog. „rheinische Verlaufsform", die sich immer weiter ausbreitet
B	Das Geschäft hat geöffnet.	Statt: Das Geschäft ist geöffnet. – *haben* + Partizip II als Resultativ (d. h. „Das Geschäft" ist Subjekt, aber nicht Agens, öffnet also nichts selbst)
C	Ich habe das vergessen gehabt.	Statt: Ich habe/hatte das vergessen. – „Ultra-Perfekt" mit *haben*, ursprünglich dialektal
D	Das ist das Auto von meinem Vater.	Statt: Das ist das Auto meines Vaters. – Possessivausdruck (als Ersatz des morphologischen Kasus)
E	Sie sprachen über die Funktionen von Lesen.	Statt: Sie sprachen über die Funktionen des Lesens. – partitiver Genitiv mit *von* + Dativ bei Verben (die gleiche Konstruktion ist standardsprachlich bei Nomen, z. B. „Sie sprachen über die Funktionen von Literatur.")
F	Die Regierung erwartet eine schrittweise Zunahme des Wachstums.	Statt: Die Regierung erwartet, dass das Wachstum schrittweise zunimmt. – Adjektivierung von (ursprünglichen) Adverbien
G	Wir tun das später noch überlegen.	Statt: Wir überlegen das später noch. – *tun* + Infinitiv
H	Wir gehen ein lecker Eis essen.	Statt: Wir gehen ein leckeres Eis essen. – Formenschwund beim attributiven Adjektiv
I	Maxi, ess jetzt endlich deinen Teller leer!	Statt: Maxi, iss jetzt endlich deinen Teller leer! – schwache Konjugation bei starken Verben
J	Er ist schon weg, weil er hatte keine Zeit mehr.	Statt: Er ist schon weg, weil er keine Zeit mehr hatte. – Auflösung der Nebensatzwortstellung, epistemisches „weil"
K	Sie hörten erstmals das Orchester unter diesem Dirigent.	Statt: Sie hörten erstmals das Orchester unter diesem Dirigenten. – Formenschwund bei den schwachen Maskulina
L	Mit sone Verrückten wollten sie nichts zu tun haben.	Statt: Mit solchen Verrückten wollten sie nichts zu tun haben. – *sone* als Indefinitpronomen (also nicht *sone* als Verkürzung von „*so + ein/e*")
M	Die Jungens waren alle seine Kumpels.	Statt: Die Jungen waren alle seine Kumpel. – Zunahme des Pluralmorphems -s (insbesondere auch in Fremdwörtern, z. B. *Kommas*)
N	Die Schüler sind hier doch mehr fleißig als in England.	Statt: Die Schüler sind hier doch fleißiger als in England. – Komparation mit *mehr*
O	Er fuhr einen großen Vorsprung auf seine Verfolger heraus.	Statt: Er fuhr einen großen Vorsprung vor seinen Verfolgern heraus. – Flexibilisierung von Kollokationen bei Präpositionen (z. B. auch *Vertrauen für die Lehrerin*)
P	Der Regisseur wollte den Film unbedingt machen.	Statt: Der Regisseur wollte den Film unbedingt drehen. – lexikalischer Typ *x machen* (z. B. auch *Party machen, Essen machen, Protest machen, …*)
Q	Es geht nicht um Versprechungen, aber darum, das Vertrauen wieder zu gewinnen.	Statt: Es geht nicht um Versprechungen, sondern darum, das Vertrauen wieder zu gewinnen. – Vertauschung von Konjunktionen (bzw. Lockerung ihrer Kollokationen)
R	Man muss ja nicht gleich das Kind mit dem Bade ausgießen.	Statt: Man muss ja nicht gleich das Kind mit dem Bade ausschütten. – Lockerung der lexikalisch-semantischen Kohärenz in Phraseologismen

Modul III: Einfluss der Neuen Medien auf die Sprache

INTENTION	In diesem Modul wird der Frage nachgegangen, ob und welche Auswirkungen die Neuen Medien (SMS, Internet-Postings u.Ä.) auf die Sprache haben. Die Beispieltexte zu SMS- und Posting-Texten sollen die Schüler einerseits zur Sprachbeschreibung führen und andererseits zu einer Reflexion des Kommunikationsverhaltens in den Medien anregen, um dadurch die Voraussetzung für den Auszug aus Daniel Kehlmanns „Ein Beitrag zur Debatte“ zu schaffen.
ZEITBEDARF	2 Unterrichtsstunden bzw. 1 Unterrichtsstunde
MATERIAL	Klett Themenheft, S. 33: Impulstexte/SMS-Texte/Grafik Klett Themenheft, S. 34: Dieter E. Zimmer: Internet-Postings Klett Themenheft, S. 35: Peter Schlobinski: SMS-Texte – Alarmsignale für die Standardsprache Klett Themenheft, S. 36f.: Daniel Kehlmann: Ein Beitrag zur Debatte
DIDAKTISCHE HINWEISE	SMS- und Posting-Texte sind insofern ein sensibles Thema, als insbesondere diese Textformen der Schülergeneration deutlich näher stehen als der Generation ihrer Eltern und Lehrer. Kritik an oder Skepsis über die Sprachverwendung in diesen Textformen kann leicht als Kritik an der Kommunikationsform (oder gar ihren Nutzern) verstanden werden. Auch wenn der Ich-Erzähler in Kehlmanns Text „Ein Beitrag zur Debatte“ als unsympathisch und lebensunfähig wahrgenommen wird, ist doch zu bedenken, dass mit ihm kein typischer Nutzer moderner Kommunikationsmedien gezeichnet wird.

ZIELVORSTELLUNGEN/ KOMPETENZ-BESCHREIBUNGEN	Die Schülerinnen und Schüler erwerben bzw. festigen folgende Kompetenzen. Sie – lernen unterschiedliche mediale Textsorten kennen – erkennen und beschreiben die sprachlichen Besonderheiten dieser Textsorten – setzen Aussagen einer Grafik in Beziehung zu Texten – reflektieren ihr kommunikatives Verhalten – untersuchen die sprachliche Gestaltung medialer Textformen – erarbeiten die Begriffe „mediale“ und „konzeptionelle“ Mündlichkeit/Schriftlichkeit – entnehmen Texten Informationen – ziehen Schlussfolgerungen aus einem Text – interpretieren einen Auszug aus einem Romankapitel
DURCHFÜHRUNG/ UNTERRICHTSSCHRITTE „DER EINFLUSS DER NEUEN MEDIEN AUF DIE SPRACHE“	1. Durch die beigefügte Grafik, die zeigt, wie viele SMS-Meldungen die Jugendlichen täglich verschicken, wird klar, dass bei der Menge an Nachrichten notgedrungen die sprachliche Form leidet. In dieser Unterrichtsphase sollen die Schüler Gelegenheit erhalten, ihr eigenes Nutzungsverhalten in Bezug auf die Neuen Medien zu reflektieren. Die sprachliche Beschreibung der Beispiele für SMS-Texte (TH, S. 33) und Internet-Postings (TH, S. 34) kann spontan aus der Lektüre heraus erfolgen. 2. Im Aufbautext „SMS-Texte – Alarmsignale für die Standardsprache“ von Peter Schlobinski, der auch eine vorsichtige Einschätzung zum Einfluss der neuen Textsorten auf die Standardsprache und damit auf mögliche Sprachwandelprozesse enthält, sind die allgemeinen Merkmale medienbasierter Sprache (SMS, Posting) und ihre Einflüsse auf die Standardsprache dargestellt. Die Bearbeitung des Aufbautextes kann bei knapper Zeit auch als Hausaufgabe gestellt werden. Die im Text enthaltenen Informationen werden dann von der Lehrkraft in den Unterricht eingebracht.

3. Abschließend wird der Auszug aus Daniel Kehlmanns Romankapitel „Ein Beitrag zur Debatte" gelesen. Kehlmann hat seinen Ich-Erzähler, begeisterter Internet-Chatter und -poster, vermutlich in karikierender Absicht, mit dem spezifischen Jargon des Internets ausgestattet (zumindest mit der Sprache, die Kehlmann für die des Internets hält). Erste Leseeindrücke der Schüler werden schriftlich festgehalten. Auf sie kann dann bei der Bearbeitung und Besprechung von Aufgabe 2 zurückgegriffen werden.
Die schriftliche Bearbeitung von Aufgabe 6 (auf der Grundlage des Unterrichtsgesprächs) sollte als Hausaufgabe erfolgen.

Lösungen

Klett Themenheft → S. 33

Impulstexte

1 afaik: as far as I know (soviel ich weiß) – aka: also known as (auch bekannt als) – asap: as soon as possible (sobald als möglich) – bd: bis dann – cu: see you (man sieht sich) – lg: Liebe Grüße – lol: laughing out loud (laut lachend) – uok: (are) you ok (bei dir alles klar?)

Diese Abkürzungen werden vor allem in E-Mails oder SMS-Nachrichten gebraucht, wenn wenig Zeichenkapazität zur Verfügung steht und Kommunikationsökonomie gefragt ist.

SMS-Texte

1 und 2 Hier werden individuelle Lösungen erwartet.

3 Hier können sich die Schüler auf ihre persönlichen Erfahrungen stützen. Zu beachten ist, dass es in der Aufgabe nicht darum geht, den Sprachgebrauch zu bewerten.

Klett Themenheft → S. 34

Dieter E. Zimmer: Internet-Postings

1 und 2 Hier steht der Erfahrungsaustausch im Vordergrund.

3 Der Hauptunterschied besteht in der Länge der Texte (SMS-Texte sind deutlich kürzer); damit hängt zusammen, dass Ellipsen (und Wortverschmelzungen) seltener sind. Der Grund dafür ist die Zeichenbeschränkung in SMS-Texten.

4 Die konzeptionelle Mündlichkeit der Texte zeigt sich vor allem in der umgangssprachlichen (zum Teil vulgären) Wortwahl, in der Kürze der Sätze bzw. Äußerungen und in zahlreichen Verstößen gegen die Rechtschreibung und Grammatik.

5 Die Schüler können sich hier wieder auf ihre persönlichen Erfahrungen stützen.

Klett Themenheft → S. 35

Peter Schlobinski: SMS-Texte – Alarmsignale für die Standardsprache

1 Merkmale von SMS-Kommunikation: Abweichungen von der Standardorthografie, Abkürzungen, kurze Texte, sprechsprachliche Elemente, graphostilistische Mittel

2 Die emulierte Mündlichkeit bewirkt möglicherweise Veränderungen des Standards, die Michael Giesecke auch als „Renaturalisierung" bezeichnet, da sie Veränderungen, die der Buchdruck mit sich brachte, unter Umständen wieder zurücknimmt.

3 Schlobinski sieht die Standardsprache von zwei Seiten her „unter Druck" geraten: durch die emulierte Mündlichkeit und die Abkehr vom orthografisch fundierten Zeichensystem (hin zur Visualisierung durch Bildzeichen). Allerdings verweist er auch darauf, dass Sprachwandelprozesse „nicht außerhalb des deutschen Sprachsystems und kommunikativer Notwendigkeiten" stattfinden.

Klett Themenheft → S. 36 f.

Daniel Kehlmann: Ein Beitrag zur Debatte

1 Mollwitt ist „Mitte dreißig, ziemlich groß, vollschlank", arbeitet in der Zentrale einer Mobiltelefongesellschaft und ist leidenschaftlicher Poster (vgl. „daß ich schon zwölftausenddreihundertundvierzigmal im Abendnachrichten Forum gepostet habe"). Beziehungen zu anderen Menschen scheinen ihm schwerzufallen.

2 Hier können sich die Schüler auf ihre persönlichen Erfahrungen mit Posts bzw. mit Menschen, die posten, stützen. Zur Sprache siehe Aufgabe 4.

3 Die Figur Mollwitt ist stark überzeichnet und bekommt dadurch karikaturistische Züge. Eine Satire ist der Text gleichwohl nicht, da ein „wünschenswerter Idealzustand" (Kurt Tucholsky), dessen Abwesenheit die Satire beklagt, nicht erkennbar ist. Es sei denn, man wäre der Meinung, dass Posten generell nicht wünschenswert sei.

4 Der Kehlmann-Text weist zahlreiche mündliche Merkmale auf, z. B.: Verschmelzungen („ichs", „wers", …), kurze bzw. elliptische Sätze (z. B. „Ganz kurz Vorgeschichte."), saloppe bis derbe Wortwahl (z. B. „Bullshit verzapfen"), dialogische Textkonzeption (vgl. die Anreden und Namensnennungen). Gleichwohl ist der Text nicht primär mündlich konzipiert, was z. B. an dem zum Teil komplexen Satzbau, der Verwendung der alten Rechtschreibung oder der Textlänge (als Erzählbericht; vgl. auch den Hinweis: „und wers eilig hat, soll das einfach überspringen") sichtbar wird.

5 Problematisch ist zunächst die Länge (vgl. „und wers eilig hat, soll das einfach überspringen"), dann der Inhalt, da sich für Mollwitts private Erlebnisse in dieser Form kaum jemand interessieren dürfte.

Modul IV: Mediales Handeln

Die Module IV–VI beziehen sich auf Kapitel 2 des Klett Themenheftes „Sprache/Medien/Lesen und Literatur". Sie folgen der Kapitelgliederung und machen Vorschläge, wie sich der Stoff des Kapitels sinnvoll im Unterricht aufbereiten lässt. Um ihren Kenntnisstand und den Lernfortschritt festzuhalten, sollten die Schüler nach der Behandlung des Problemhorizonts eine Mindmap zum Thema des Kapitels anlegen, die sie im Verlauf des Unterrichts nach und nach für sich ergänzen. Die Schüler sollten auch aufgefordert werden, selbst Texte zum Thema zu suchen und festzuhalten, welche Aspekte darin abgedeckt werden.

INTENTION	Da Medien mit Blick auf ihre jugendlichen Nutzer meist kritisch gesehen werden, präsentiert das Modul vor allem Materialien, die zu einer differenzierteren Sicht auf das Thema führen, gleichwohl aber nicht die Verantwortung der Gesellschaft für die Jugendlichen beim Umgang insbesondere mit dem Internet ausblenden. Zugleich sollen mit dem Modul zentrale Termini des Themenbereichs Medien („Generation Internet", „digital natives", „digital immigrants", „virtuell", „Cyberspace", „Flashmob" und „Schwarmintelligenz") erschlossen werden. Das Modul ist, der besseren Übersichtlichkeit halber, in zwei Teilmodule unterteilt.
ZEITBEDARF	3 Unterrichtsstunden bzw. 2 Unterrichtsstunden Bei knapper Zeit können die Texte zum Thema Twittern weggelassen werden.
MATERIAL	**Teilmodul 1: Jugendliche und das Netz** Klett Themenheft, S. 40: Problemhorizont: Bernd Graff: An die Wand gestellt Klett Themenheft, S. 41 f.: Karikatur, Tabelle „Internet-Nutzung Jugendlicher" Klett Themenheft, S. 42 ff.: Urs Gasser: Surfen macht schlau *Klett Stundenblätter, S. 16: KV 5: Einen Sachtext untersuchen* Zusatztext online: „Born Digital – nicht ohne mein Offline-Selbst", Klett Themenheft, S. 45 **Teilmodul 2: Mediale Kommunikation** Klett Themenheft, S. 46: Twittersprüche Klett Themenheft, S. 47: Jens Uehlecke: Schluss mit dem Geschnatter Klett Themenheft, S. 48 ff.: Stefan Niggemeier: Das wahre Leben im Netz Klett Themenheft, S. 51: Stefan Schultz: Öko-Revolution per Internet Zusatztext online: Alexandra Borchardt: So ein Schwarm, Klett Themenheft, S. 51 Klett Themenheft, S. 52 f.: Harald Martenstein: Im Sog der Masse
DIDAKTISCHE HINWEISE	Da man als Lehrer zur Generation der „digital immigrants" gehört, bietet dieser Teil der Unterrichtseinheit die Möglichkeit, durch den Austausch mit den Schülern als Angehörige der Generation der „digital natives" selbst einiges zu lernen bzw. zu erfahren. Bedenken sollte man dabei, dass die Erfahrungen der Schüler vermutlich auch in ihre Abituraufsätze einfließen werden. Entsprechend ernst sollte man sie nehmen; und entsprechend klar und nachvollziehbar sollten sie von den Schülern auch dargestellt werden. Im ersten Teilmodul liegt der Schwerpunkt der Materialien auf den Umgang Jugendlicher mit dem Internet, wobei die Materialien so ausgewählt wurden, dass sie eine positive Sicht jugendlicher Computernutzung vermitteln. Die Texte des zweiten Teilmoduls diskutieren Kommunikation in den Neuen Medien unter verschiedenen Gesichtspunkten. Sie versuchen, Vor- und Nachteile der neuen medialen Kommunikationsformen differenziert darzustellen.

ZIELVORSTELLUNGEN/ KOMPETENZ-BESCHREIBUNGEN	Die Schülerinnen und Schüler erwerben bzw. festigen folgende Kompetenzen. Sie - beschreiben und deuten eine Karikatur - reflektieren ihr Internetnutzungsverhalten - klären die Begriffe „digital natives" und „digital immigrants" - werten eine tabellarische Übersicht aus - erheben Daten durch eine Umfrage, werten die Ergebnisse aus und stellen sie dar - informieren sich über Vor- und Nachteile der neuen medialen Kommunikationsformen - untersuchen den Argumentationsgang von Texten - untersuchen und bewerten die sprachliche Gestaltung von Texten - ziehen Schlussfolgerungen aus einem Text - ermitteln und bewerten Textaussagen und -intentionen kritisch - vergleichen Textaussagen unterschiedlicher Texte
DURCHFÜHRUNG/ UNTERRICHTSSCHRITTE „PROBLEMHORIZONT"	1. Der Zeitungsartikel von Bernd Graff „An die Wand gestellt" über die Hochspringerin Ariane Friedrich stellt die Frage nach angemessenem Verhalten in den sogenannten Social Media. Er eröffnet den Schülern eine problemorientierte Sicht auf die Social Media und möchte sie zugleich zur Reflexion ihres eigenen Medienverhaltens anregen. Die entsprechenden Aufgaben (TH, S. 40, Aufgaben 1 bis 4) können durch die Schüler vorbereitet und anschließend besprochen werden.
DURCHFÜHRUNG/ UNTERRICHTSSCHRITTE „JUGENDLICHE UND DAS NETZ" KV 5	1. Die Beschreibung der Karikatur (TH, S. 41) führt zu Aufgabe 2 und den Begriffen „digital natives" und „digital immigrants". Im nachfolgenden Schritt füllen die Schüler einen Umfragebogen aus und machen sich so ihr eigenes Computernutzungsverhalten bewusst. Dann erstellen sie ein Gruppenprofil für den Kurs und vergleichen mit den Umfrageergebnissen in der Tabelle auf S. 42. 2. Am besten ist es, wenn der Basistext „Surfen macht schlau", in dem der Schweizer Rechtswissenschaftler und Internet-Fachmann Urs Gasser herrschende Vorurteile vieler Erwachsener gegenüber dem Internet relativiert, bereits als Hausaufgabe gelesen und vorbereitet wurde (TH, S. 45, Aufgaben 1 bis 3). Ansonsten kann dies in Partner- oder Gruppenarbeit auch im Unterricht selbstständig durch die Schüler geschehen. Die Bearbeitung der weiteren Aufgaben könnte arbeitsteilig in Gruppen erfolgen. 3. Vorbereitend oder ergänzend zum Text von Gasser und dessen positiver Sicht der Internetnutzung Jugendlicher wird der Text von Clemens Latzel „Verwahrlost im Virtuellen" (KV 5) herangezogen, in dem über eine Studie des Bundesgesundheitsministeriums über Internetsucht in der Gesellschaft berichtet wird. An dem Text läst sich prototypisch erarbeiten, mit welchem Misstrauen viele Erwachsene dem neuen Medium Internet begegnen und Internetnutzung, vor allem von Jugendlichen, vorschnell mit Suchtverdacht belegen. 4. Die Rezension des Buches von Gasser, die als Online-Text verfügbar ist (vgl. TH, S. 45), kann abschließend mit interessierten Kursen besprochen werden. Der Text bringt neue differenzierende Aspekte wie „Haltbarkeit persönlicher Daten im Netz" oder „Privatsphäre und Sicherheit" ein und ist als Diskussionsgrundlage gut geeignet.
DURCHFÜHRUNG/ UNTERRICHTSSCHRITTE „MEDIALE KOMMUNIKATION"	1. Als motivierender Einstieg in das Teilmodul bietet sich eine kurze Besprechung der Twittersprüche (TH, S. 46) an. 2. Die Behandlung des Basistextes „Schluss mit dem Geschnatter" von Uehlecke kann bei Zeitmangel entfallen. Er wurde hier als Beispiel für eine Glosse aufgenommen und empfiehlt sich dann zur Bearbeitung, wenn man die sprachliche und stilistische Beschreibung von Texten weiter üben will. (Mit den Schülern lässt sich hier auch erarbeiten, wie rasch der Wandel in den Medien vonstatten geht. War zur Entstehungszeit des Artikels Twitter noch in den Anfängen und ein eher privates Medium, hat sich die neue Kommunikationsform mittlerweile fest etabliert.

3. Im Zentrum des Teilmoduls steht der Basistext „Das wahre Leben im Netz" von Stefan Niggemeier, der von den Schülern zu Hause vorbereitet wird. Der Autor widerlegt viele Vorurteile, die die „digital immigrants" dem Leben im Netz gegenüber haben. Ähnlich wie der Text von Urs Gasser vermag auch dieser Artikel die voreingenommene Sicht vieler Erwachsener auf die Neuen Medien zu relativieren. Anhand des Textes sollten auch die Begriffe „Cyberspace" und „virtuell" geklärt werden, die nahezu alle Diskussionen über das Internet bestimmen und dabei oft ungenau gebraucht werden.
4. Der Basistext „Öko-Revolution per Internet" von Stefan Schultz bringt einen neuen thematischen Aspekt ein. Er stellt die neuen Einflussmöglichkeiten dar, die sich den Bürgern im amerikanischen Wahlkampf 2005 durch die elektronischen Medien geboten haben, und verweist auf die Hoffnung vieler Wissenschaftler und Intellektueller, dass sich mit den Neuen Medien für den Einzelnen bisher nicht gekannte politische Handlungs- und Gestaltungsmöglichkeiten eröffnen können. (Vgl. dazu auch die Texte von Bert Brecht über die Möglichkeiten, die das Radio der Weimarer Republik bieten könnte, TH, S. 55, oder die Hoffnungen, die H. M. Enzensberger Anfang der siebziger Jahre mit den digitalen Medien verbindet, TH, S. 56).
   Der Online-Text von Alexandra Borchardt greift das Thema der größeren demokratischen Teilhabe durch die Neuen Medien auf und bringt etliche Beispiele, an denen das Für und Wider kritisch diskutiert wird.
5. Der Aufbautext „Im Sog der Masse" von Harald Martenstein steht diesen Hoffnungen auf mehr Demokratie durch neue Kommunikationstechnologien dagegen skeptisch gegenüber. Mehr Kommunikationsmöglichkeiten müssen nicht automatisch mehr demokratische Mitbestimmung bedeuten.
   Die Informationen zu den Phänomenen „Mainstream" und „Schwarmintelligenz" können den Schülern bei Zeitmangel auch im Unterrichtsgespräch vermittelt werden.

Lösungen

Klett Themenheft → S. 40

Problemhorizont: Bernd Graff: An die Wand gestellt

1 Hier steht der Erfahrungsaustausch, als thematische Hinführung, im Vordergrund.

2 Die Social Media erlauben es dem Einzelnen, sich einer größeren Öffentlichkeit positiv zu präsentieren. Das ist allerdings eine zweischneidige Sache, weil man leicht die Kontrolle darüber verlieren kann und sich angreifbar macht.

3 Mit ihrer Reaktion hat Ariane Friedrich einen Menschen öffentlich an den Pranger gestellt. Das ist nicht entschuldbar, weil solche Strafaktionen in einer demokratisch verfassten Gesellschaft nicht zulässig sind. Fühlt man sich belästigt, kann man das zur Anzeige bringen und es der Justiz überlassen, die Angelegenheit zu verfolgen. Eine solche Form von Selbstjustiz wäre vor der Zeit des Internets wohl nicht denkbar gewesen.

4 Friedrich hat offensichtlich die Funktionsweise des Internets und der Social Media nicht verstanden. Zwar bieten die Social Media dem Einzelnen Möglichkeiten, sich zu präsentieren und sozusagen Werbung in eigener Sache zu machen, aber man sollte sich bewusst sein, dass die eigenen Handlungen von einer Vielzahl von Leuten beobachtet und bewertet, vor allem auch öffentlich gemacht werden können.

Facebook ist selbstverständlich nicht verantwortlich für das Verhalten der Teilnehmer. Allerdings macht es diese Plattform Mobbern, Stalkern, Verleumdern usw. eben auch besonders leicht.

Klett Themenheft → S. 41

Karikatur/Umfragebogen zum medialen Handeln

1 Die Karikatur zeigt die Technikgläubigkeit junger Menschen, der sogenannten „digital natives". Aufgewachsen mit den Neuen Medien, ist für sie das Leben in jeder Form ausschließlich von den Medien bestimmt.

2 Der Ausdruck „digital natives" bedeutet wörtlich übersetzt „digitale Eingeborene" und meint jene Generation, die mit modernen Kommunikationsmedien (Internet, Mobiltelefon) groß geworden ist.

Der Begriff „digital immigrants" (digitale Einwanderer) bezeichnet hingegen Personen, die erst im Erwachsenenalter mit Computer und Internet in Berührung gekommen sind.

3 Um eine breitere Datenbasis zu bekommen, könnte die Umfrage auf die gesamte Oberstufe ausgeweitet werden.

Klett Themenheft → S. 42

Tabelle „Inhalte der Internetnutzung bei Jugendlichen im Alter von 12 bis 25 Jahren"

4 Die Fragestellung hat zwei Aspekte. Zum einen zielt sie auf die richtige Interpretation von Daten beim Lesen diskontinuierlicher Texte: Abgesehen davon, dass die Zahlen wissenschaftlich erhoben wurden und eine ganz andere Datengrundlage haben als die im Kurs durchgeführte Umfrage (und deshalb statistisch valide sind), stand bei der Umfrage der Shell-Studie auch eine andere Altersgruppe (nämlich von 12 bis 25 Jahren) im Fokus. Zum anderen sind seit der letzten Shell-Studie schon wieder einige Jahre vergangen, d.h., dass sich das Nutzungsverhalten tatsächlich markant geändert haben könnte (etwa durch die immer populärer werdenden Smartphones).

5 Hier geht es vor allem darum, dass sich die Schüler über ihren Umgang mit dem Internet bewusst werden. Unterschiede zu „digital immigrants" dürften darin bestehen, dass die Generation der Schüler insgesamt sicherer und selbstverständlicher mit den Neuen Medien umgeht, vermutlich auch mehr Zeit mit dem Internet verbringt als die ältere Generation.

Klett Themenheft → S. 42 ff.

Urs Gasser: Surfen macht schlau

1 Die Begriffserläuterung sollte hier – im Gegensatz zu Aufgabe 2 – aus dem Kontext heraus erfolgen.

A) Mythos (Z. 7): hier im Sinne von „etwas, das zwar weit verbreitet, aber erwiesenermaßen auch unwahr ist"

B) Anti-Piraterie-Kampagne (Z. 116): Feldzug der Unterhaltungsindustrie, um das Raubkopieren einzudämmen

C) Am öffentlichen Diskurs teilnehmen (Z. 192 f.): sich in die Diskussionen und Debatten, die in der Öffentlichkeit (in Politik, Kultur) geführt werden, einbringen

2 Vgl. zu den Begriffen „Cyberspace" und „virtuell" auch den Text im Themenheft auf S. 48 ff. sowie die Aufgaben 2 und 5 auf Seite 50. Die beiden Begriffe sind so zentral, dass sie, falls der Niggemeier-Text nicht bearbeitet wird, hier ausführlicher besprochen werden sollten.

A) Multi-Tasking (Z. 16): die Fähigkeit, mehrere Tätigkeiten zur gleichen Zeit bzw. abwechselnd in kurzen Zeitabschnitten durchzuführen (z. B. gleichzeitig Hausaufgaben machen, fernsehen und chatten)

B) Cyberspace (Z. 7): im Sinne von „Datenraum"

C) virtuelle Welt (Z. 71): „virtuell" ist etwas, das nicht physisch existiert, aber dieselbe Wirkung entfaltet wie eine bestimmte physische Sache

4 Im Wesentlichen basiert nach Gasser die Mythenbildung darauf, das Eltern und Pädagogen nicht wissen, womit sich Kinder und Jugendliche online beschäftigen. Hinzu kommt, dass die aus Unkenntnis entstehende latente Sorge medial befeuert wird.

3

Mythos	Wahrheit
Bedrohung durch Pädophile	„Es gibt keine empirische Untersuchung, die den Nachweis erbringt, dass unsere Kinder online weniger sicher sind als auf dem Weg zur Schule oder auf dem Pausenhof.", Z. 84 ff.
Kinder und Jugendliche haben kein Gefühl für den angemessenen Umgang mit persönlichen Daten	„Entgegen gängigen Vorurteilen werden Jugendliche umso kompetenter und sensibler im Umgang mit der Privatsphäre, je mehr Zeit sie online verbringen.", Z. 111 ff.
„Digital Natives" sind gewissenlose Raubkopierer	„Aus Befragungen geht […] deutlich hervor, dass ‚Digital Natives' durchaus unser Verständnis teilen, wonach die Schöpfer von Werken bestimmte Rechte haben sollen ", Z. 132 ff.
Negative Auswirkungen von Computerspielen	„Aktuelle Forschung zeigt, dass und weshalb nicht jedes Kind, das Killerspiele nutzt, zwangsläufig in der Schule zu aggressivem Verhalten neigt.", Z. 165 ff.
„Generation Internet" ist dumm	„So wurde festgestellt, dass die Intelligenz der Kinder und Jugendlichen gemäß standardisierten Tests von Generation zu Generation steigt […]. Entscheidender ist aber, dass sorgfältige Analysen der Internetnutzung vielfältige Lernerfahrungen von Kindern und Jugendlichen im Cyberspace nachweisen.", Z. 177 ff.

5 Eine entsprechende Medienkompetenz vorausgesetzt, eröffnet das Internet den Jugendlichen die Teilnahme am öffentlichen Diskurs. Genauer müsste gesagt werden: Aufgrund des Internets ist die Teilnahme am öffentlichen Diskurs heute leichter als früher. Dafür werden zwei Beispiele genannt. Obamas Wahlkampf und die große Krise Kenias. Die Gesellschaft habe zum einen die „Sicherheit unserer Kinder im Netz [...] natürlich ernst zu nehmen" (man beachte hierbei, dass Gasser den „Mythen" keineswegs jede inhaltliche Grundlage abspricht, sondern gängige Vorurteile nur relativiert), zum anderen die „Chancen der neuen Technologien in den Blick zu nehmen" und vor allem „Medienkompetenzen aufzubauen" (die den Jugendlichen überhaupt die erwähnten Möglichkeiten, am öffentlichen Diskurs teilzunehmen, eröffnen).

6 In der von Clemens Latzel vorgestellten Studie spiegelt sich das ganze Misstrauen der Digital Immigrants gegenüber den Neuen Medien. Menschen, die viel Zeit im Netz verbringen, werden unter den Generalverdacht gestellt, internetsüchtig zu sein. Dabei lässt sich anhand der (vermutlich aufwendig) erstellten Studie lediglich ablesen, dass gerade mal 1% der Bevölkerung in die Kategorie der Internetsüchtigen fallen würde. Auch Kategorien wie Missstimmung oder Reizbarkeit bei Entzugserscheinungen sind eigentlich noch weit von echten Suchtphänomenen entfernt.

Antwort auf Frage 1:
- etwa 1% der 14 bis 64 Jahre alten Menschen in Deutschland ist internetabhängig
- 4,9% der 14 bis 16 Jahre alten Mädchen sind internetabhängig
- 3,1% der 14 bis 16 Jahre alten Jungen sind internetabhängig
- Mädchen der Altersgruppe 14 bis 16 nutzen häufiger soziale Netzwerke (77,1%) als Jungen (64,8%)

Die Zahlen für die Altersgruppe 14 bis 16 zeigen, dass die Nutzung sozialer Netzwerke mit der Internetabhängigkeit korreliert. Diskutiert werden könnte, ob hier auch ein ursächlicher Zusammenhang gegeben ist, provokant formuliert: Macht Facebook internetsüchtig?

Antwort auf Frage 2:
Zunächst geht aus dem Artikel hervor, dass innerhalb dieser Altersgruppe weiter differenziert wurde (betrifft zumindest die Altersgruppe 14 bis 16), was zeigt, dass selbst die Datensammler den großen Ausschnitt für nur bedingt aussagekräftig halten. Grundsätzlich ist davon auszugehen, dass sich „digital natives" signifikant in ihrem Internetverhalten von „digital immigrants" unterscheiden, weshalb es wahrscheinlich sinnvoll gewesen wäre, diese Gruppen von vornherein zu kontrastieren.

Zu beachten wäre, dass der Artikel „Verwahrlost im Virtuellen" auf die Anlage und die Durchführungsbedingungen nur indirekt eingeht und vor allem am Ergebnis der Studie interessiert ist. Möglicherweise haben die Forscher die fragliche Altersgruppe nicht nur mit großem Bedacht gewählt, sondern ihre Wahl auch ausführlich begründet.

7 Hier ist die individuelle Meinung der Schüler gefragt.

8 Die Aufgabe versteht sich als Schreibübung (zum Inhalt vgl. Aufgabe 3).

Klett Themenheft → S.46

Twittersprüche

1 Hier geht es vor allem darum, dass die Schüler über die Funktion des Mediums nachdenken. Tatsächlich unterstellt die Fragestellung zu Unrecht, dass zwischen Tweets und Pointen ein Widerspruch besteht.

2 Grundsätzlich charakterisiert jede sprachliche Äußerung ihren Urheber, wobei man sich vor Generalisierungen hüten sollte: Wer zum Beispiel einen sexistischen Witz tweetet, muss kein Sexist sein (sondern hat vielleicht einfach nur einen bescheidenen Geschmack).

3
- Facebook: definiert Beziehungsstatus (vorrangig durch Abbruch)
- BILD-Zeitung: bedient niedere Bedürfnisse Ungebildeter
- Twitter: definiert Beziehungsstatus
- SMS: definiert Beziehungsstatus (vorrangig durch Abbruch)

4 Hier werden die Lösungen individuell ausfallen. Die formalen Kriterien von E-Mails sollten berücksichtigt sein (Betreffzeile, Anrede, Schlussgruß, ggf. Signatur).

Klett Themenheft → S.47

Jens Uehlecke: Schluss mit dem Geschnatter

1
- Twitter wird als Website beschrieben„ die Blog und SMS-Dienst mischt und von mehr als 20 Millionen Menschen im Monat besucht wird (Stand 2009).
- Twitter heißt übersetzt „zwitschern".
- Über dem Eingabefeld steht die Frage: „What are you doing?"
- Twitter-Nutzer meldeten früher als jede Nachrichtenagentur die Notlandung auf dem Hudson River, den Absturz auf dem Amsterdamer Flughafen und den Amoklauf von Winnenden.

2 Wichtige sprachliche Merkmale sind:

Sprachliche Merkmale	Wirkung
Umgangssprache (z. B. „Das nervt.")	erhöht die Direktheit, aber auch die Lesbarkeit und die Eingängigkeit des Textes
Vulgarismus („einen Furz lassen")	dient der Herabsetzung
Kurzsätze (z. B. „Das nervt."), Ellipsen (z. B. „Twitter ist Grund genug.")	erhöht die Direktheit (als Ausdruck der inneren Beteiligung)
Übertreibungen (z. B. „Megahype")	mit ironischem Unterton, dient der Herabsetzung
Antithesen („In Wirklichkeit aber")	Hervorhebung
Metaphern (z. B. Twitter als „Klowand des Internets", „Verbalakrobatik") und Vergleiche (z. B. „so als würde man sich auf dem Büroklo immer wieder in die gleiche Kabine setzen")	Anschaulichkeit (die konkreten Beispiele dienen wieder der Herabsetzung)

3 Es handelt sich um eine Glosse, also um einen kurzen, pointierten journalistischen Meinungsbeitrag in einer Zeitung oder Zeitschrift. Glossen arbeiten dabei oft mit satirischen oder, wie im vorliegenden Fall, mit polemischen Mitteln.

4 Uehlecke hält Twitter für die „Klowand des Internets", deren Mitteilungen „ungefähr so spannend [sind], wie einer frisch gestrichenen Raufasertapete beim Trocknen zuzuschauen" (Z. 30 ff.). Seine Einschätzung wirkt herablassend und wird dem Medium nicht gerecht, weil man sich ja in erster Linie für Beiträge von Personen interessieren wird, die man kennt und deren Äußerungen man in einen Kontext stellen kann.

Das heißt, dass man in der Diskussion über Neue Medien zwischen der allgemeinen (Wie wirkt das Medium insgesamt auf uns?) und der konkreten Sicht (Welchen Nutzen kann ich in einer bestimmten Situation daraus ziehen?) unterscheiden sollte.

5

- Notlandung auf dem Hudson-River: Der US-Airways-Flug 1549 endete am 15. Januar 2009 wenige Minuten nach dem Start aufgrund von Problemen mit den Triebwerken auf dem Hudson River. Alle 150 Passagiere und die fünf Besatzungsmitglieder überlebten das Unglück.
- Absturz auf dem Amsterdamer Flughafen: Beim Landeanflug auf den Amsterdamer Großflughafen Schiphol stürzte am 25. Februar 2009 eine Boeing 737-800 (Turkish Airlines Flug 1951) ab. Das Flugzeug zerbrach in drei Teile, fing aber kein Feuer. Bei dem Unglück kamen neun Menschen ums Leben und 86 wurden verletzt.
- Amoklauf von Winnenden: Am 11. März 2009 tötete der 17-jährige Tim Kretschmer in der Albertville-Realschule in Winnenden (bei Stuttgart) mit einer Pistole 15 Menschen und verletzte weitere elf. Nachdem der Amokläufer nach mehrstündiger Flucht von der Polizei gestellt worden war, tötete er sich selbst.
- Anschläge von Mumbai: Am 26. November 2008 kam es in der indischen Metropole Mumbai an zehn verschiedenen Stellen innerhalb kurzer Zeit zu 17 Explosionen, Waffenangriffen und Geiselnahmen, die durch etwa zehn Angreifer in mehreren Gruppen verübt worden waren. Die Terroristen konnten erst nach heftigen Gefechten während des 27., 28. und 29. November von der Polizei festgenommen oder erschossen werden. Nach offiziellen indischen Angaben gab es 239 Verletzte und 174 Tote.

Uehlecke verweist darauf, dass niemand prüft, was wahr und was falsch ist. Das führt dazu, dass sowohl wahre als auch falsche Meldungen verbreitet werden. In dieser Form kann Twitter natürlich nicht die Zukunft des Journalismus sein. Denkbar ist jedoch, dass sich seriöse Twitterdienste herausbilden, die genau diese Kontrolle leisten und dann natürlich schneller sind als die herkömmlichen journalistischen Medien (vor allem schneller als Zeitungen).

6 Das Medium steht noch am Anfang, weshalb jetzt (im Jahr 2013) getroffene Aussagen sehr bald veraltet sein könnten. Hier sind also wirklich die aktuellen Rechercheergebnisse der Schüler gefragt. Es zeichnet sich jedoch ab, dass Twitter sich als Informationsmedium durchsetzt, weil immer mehr Politiker, Nachrichtenagenturen, Fernsehsender oder Zeitungen Tweets verschicken.

Klett Themenheft → S. 48 ff.

Stefan Niggemeier: Das wahre Leben im Netz

1 Die Aufgabe soll eventuell vorhandene Leseschwierigkeiten beseitigen.

A) „Die ersten Zyniker" (Z. 10 f.): „Zyniker" im Sinne von „schamlos-spöttische Menschen"

B) „wird von der Prämisse geprägt" (Z. 49 f.): „Prämisse" = „logische Voraussetzung, Grundannahme"

C) „analog zur Stigmatisierung" (Z. 127): – „Stigmatisierung" im Sinne von „negativer Brandmarkung"

D) „behauptete Dichotomie" (Z. 169): „Dichotomie" = „Zweiteilung"

E) „Permanenz profunder Sekundenaufnahmen" (Z. 244 f.): „Permanenz" = „Dauerhaftigkeit", „profan" = „alltäglich"

2 Wörtlich übersetzt bedeutet der Begriff „kybernetischer Raum" (Kybernetik ist im allgemeinsten Sinne die Wissenschaft von der Steuerung bzw. Regelung von Maschinen), gemeint aber ist „Datenraum". Metaphorisch ist der Begriff, da es sich beim „Cyberspace" gerade nicht um einen Raum in dem Sinne handelt, dass er physisch erfahrbar wäre (man kann diesen Raum also etwa nicht betreten).

Die Raum-Metapher entfaltet dabei durchaus Wirkung, als seien Menschen und vor allem Kinder und Jugendliche wirklich abwesend (selbst Niggemeier spricht vom „Internet als Aufenthaltsraum"), wenn sie sich im Cyberspace „befinden". Damit wird ein objektiver Blick auf die Verhältnisse erschwert. Im Internet „zu sein", ist physisch zunächst einmal dasselbe wie etwa Fernsehen zu schauen oder zu telefonieren.

3 Mögliche Überschriften könnten sein:
- *Abschnitt 1 (Z. 5–48):* Offene Fragen – Internet als soziales Netz oder weites Feld der Oberflächlichkeiten?
- *Abschnitt 2 (Z. 49–65):* Prämisse der fehlenden Realität im Internet
- *Abschnitt 3 (Z. 66–88):* Die Metapher „Cyberspace" und ihre Folgen
- *Abschnitt 4 (Z. 89–120):* Jugendliche mit realistischen Vorstellungen
- *Abschnitt 5 (Z. 121–134):* Verklärung des Realen
- *Abschnitt 6 (Z. 135–154):* Mythos „Internetsucht"
- *Abschnitt 7 (Z. 155–207):* Die „wirkliche Welt"
- *Abschnitt 8 (Z. 208–237):* Falsche Freunde?
- *Abschnitt 9 (Z. 238–263):* Eine echte Bereicherung

Die Diskussion der Einteilung kann dabei bereits mit Blick auf Aufgabe 4 erfolgen, indem für jeden Abschnitt der Zusammenhang zum Argumentationsgang dargestellt wird.

4 Niggemeier wendet sich gegen die herrschende Auffassung, Kontakte im Netz seien keine „echten" bzw. weniger wert als Face-to-Face-Kontakte. Seine Argumentation ist im Wesentlichen induktiv angelegt, wobei er von seinen eigenen Erfahrungen im Internet ausgeht, wo er sich mit Bekannten und Freunden austauscht und dies als sehr bereichernd empfindet.

Er argumentiert auch gegen den Mythos „Internetsucht" (vgl. den Text von Clemens Latzel, KV 7), indem er aufzeigt, dass solche Wertungen auf ungenauen Fragestellungen beruhen.

5 „Virtuell" ist eine Sache, die nicht physisch existiert, aber dieselbe Wirkung entfaltet wie eine bestimmte physische Sache. Das Gegenteil von „virtuell" ist demnach „physisch" oder „körperlich, dinghaft". Die Wortbedeutung unterstützt also die Textaussage, dass Beziehungen oder Gespräche zwar etwa ohne Berührungen auskommen müssten, deshalb aber doch echt seien.

6 Der Zusatz „im Kontext" verweist auf die Einschätzung Niggemeiers, der Satz formuliere „exemplarisch den Dünkel gegenüber allem, was nicht handfest begreifbar ist" (Z. 250 ff.), womit natürlich zuallererst Erfahrungen im Internet gemeint sind. Davon unabhängig gibt es aber durchaus Gründe, dem Satz zuzustimmen; freundliche, freundschaftliche oder gar intime Berührungen sind ja tatsächlich nicht oder nur bedingt durch Worte zu ersetzen.

7 Es ist wohl eindeutig, dass sich durch soziale Netzwerke wie Facebook der Wortinhalt des Wortes „Freund" verschoben hat. Besser jedoch, als ein neues Wort für die „echten" Freunde zu finden, wäre es, die Netzwerk-Freunde präziser zu benennen. Die Schüler könnten hier Vorschläge machen.

Klett Themenheft → S. 51

Stefan Schultz: Öko-Revolution per Internet

1 Gemeint ist, dass größere politische Veränderungen oder Umwälzungen nicht mehr im Fernsehen stattfinden bzw. zu besichtigen sind, sondern dass das Internet solche Veränderungen vermelden wird, weil sie dort zuerst offensichtlich werden.

2 Das Internet bzw. die Neuen Medien erlauben die Verknüpfung verschiedener Formate wie Blog-Einträge, Social Networks u. Ä. (als Folge der Digitalisierung) fast in „Echtzeit". Das bedeutet, dass ganz viele Einzelne eingebunden sind, ihre Meinung verbreiten können und so ein mediales Echo erzeugt wird, auf das wiederum die Politik schnell reagieren kann.

3 Mithilfe der Neuen Medien vermochte Obama seine Anhänger viel effektiver zu mobilisieren, als das mit traditionellem Wahlkampf möglich gewesen wäre. Auch die Spendenakquisition mithilfe des Neuen Mediums erwies sich als sehr effizient. Ob man im Zusammenhang mit Obamas Wahlkampf vom „revolutionären Potential des Netzes" sprechen kann, ist zu bezweifeln. Zwar können die Bürger sich untereinander viel besser vernetzen als früher und ihre Politiker viel unmittelbarer (und vice versa) erreichen, aber es ist fraglich, ob damit wirklich mehr an Einflussnahme bei politischen Entscheidungen gewonnen ist.

4 Eine breite Meinungsbildung ist in einer Demokratie natürlich zu begrüßen – und dank des Internets besteht nun auch erstmals ein Mehr an Teilhabe- und Publikationsmöglichkeit für fast alle Bevölkerungsschichten.

Wenn der Begriff „basisdemokratisch" weit gefasst wird, müsste er auch im Sinne von „repräsentativ für alle Wahlberechtigten" und „quantitativ ausreichend" verstanden werden. „Repräsentativ" hieße, dass auch die Meinung derjenigen erfasst sein müsste, die keinen oder nur einen eingeschränkten Internetzugang haben (in Deutschland vor allem alte und/oder sozial schwache Menschen); umgekehrt müssten Meinungsäußerungen derjenigen ausgeschlossen werden, die eben nicht wahlberechtigt sind (vor allem Kinder und Jugendliche, die ja durchaus im Internet fleißig „abstimmen" könnten). „Quantitativ ausreichend" hieße, dass ein Begehren hinreichend groß sein müsste. Zum Vergleich: Ein Volksbegehren in Deutschland, das es freilich überhaupt nur sehr eingeschränkt gibt, müsste etwa von zehn Prozent der Wahlberechtigten getragen werden.

Wenn der Begriff „basisdemokratisch" eng gefasst wird (eine Bürgerinitiative kämpft vielleicht gegen den Bau einer Müllverbrennungsanlage), ist die Trennlinie zwischen basisdemokratischen Aktivitäten und Lobby-Arbeit nicht immer klar zu ziehen. Die Bürgerinitiative kämpft für ihre Partikularinteressen, denn irgendwo muss die Anlage ja gebaut werden, nur eben nicht hier.

5 Hier wäre zum einen abzuwägen zwischen der an sich wünschenswerten breiten Beteiligung vieler an Entscheidungen und der Frage, wie die Rechte des Einzelnen vor dem Zugriff der jeweiligen Mehrheit geschützt werden könnten. Zum anderen wäre zu fragen, wie realistisch eine solche „Vision" (der Begriff trägt die Antwort schon in sich) ist, zumal sie ja global gedacht ist.

Klett Themenheft → S. 52 f.

Harald Martenstein: Im Sog der Masse

1 Ein Mainstream entstehe, weil Menschen nicht gern alleine stünden und sich in der Mehrheit sicher fühlten. Dies gelte auch für Journalisten, die deshalb den Mainstream widerspiegelten und ihn dadurch noch verstärkten. Der Inhalt der Mainstream-Meinung könne dabei über Bilder gesteuert werden, die Emotionen transportieren: „Man muss einfache Botschaften und starke Bilder oft genug wiederholen." (Z. 65 ff.)

2 Die Masse ist dumm (jedenfalls weniger intelligent als es Einzelne sein könnten) und auch potenziell gefährlich, sofern die Instinkte nur entsprechend bedient werden. Das Grundgesetz enthält deswegen eine Ewigkeitsklausel (Artikel 79), die ausschließt, dass die Menschenrechte, die Achtung der Menschenwürde, die Gewaltenteilung und die föderale Struktur Deutschlands (demokratisch) abgeschafft werden können.

3 Nach Craig Reynolds müssen Individuen einer Gruppe drei Regeln beachten, damit „Schwarmintelligenz" entsteht: Bewege dich immer in Richtung des Schwarm-Mittelpunkts. Vermeide Zusammenstöße. Bewege dich in dieselbe Richtung wie deine Nachbarn.

„Schwarmfeigheit" ist dagegen tatsächlich kein Schwarm- oder Massenphänomen, da es dabei nicht darum geht, dass Menschen gemeinsam ein Ziel erreichen wollen (z. B. eine Doktorarbeit auf Plagiate hin zu überprüfen), sondern vielmehr handeln einfach viele Menschen gleichzeitig feige (aber jeder mit einem individuellen Ziel).

4 Hier sollten sich die Schüler an der Textsorte Kommentar versuchen. Inhaltlich ist Martensteins Position eindeutig (vgl. Z. 91: „Ich hätte Angst davor.").

Modul V: Medienwandel

INTENTION	Die Texte zur Mediengeschichte, die in diesem Modul zusammengestellt sind, legen den Schwerpunkt auf den Übergang von den bislang bekannten Massenmedien zu den Neuen Medien und damit auf die dritte „Kommunikationsrevolution", deren Verständnis (Digitalisierung, neuer Kommunikationsbegriff) für die Schüler wesentlich ist.
ZEITBEDARF	4 Unterrichtsstunden bzw. 2 Unterrichtsstunden Bei knapper Zeit kann auf die Texte von Brecht und Enzensberger verzichtet werden.
MATERIAL	Klett Themenheft, S. 54 f.: Grafik „Medienentwicklung 1950 bis 2008" und Tabelle „Zur Geschichte der Medien" Klett Themenheft, S. 55: Abbildung: „Der Radionist"; Bertolt Brecht: Der Rundfunk als Kommunikationsapparat Klett Themenheft, S. 56: Hans Magnus Enzensberger: Baukasten zu einer Theorie der Medien Klett Themenheft, S. 57 ff.: Hans-Dieter Kübler: Medien- und Massenkommunikation: Begriffe und Modelle Klett Themenheft, S. 60 f.: Hans Magnus Enzensberger: Das digitale Evangelium
DIDAKTISCHE HINWEISE	Als Unterrichtender muss man sich immer wieder verdeutlichen: Die Schüler sind mit PC, Internet, Mobilfunk und digitalisierten Daten (etwa für Musik und Bilddateien) aufgewachsen und können folglich ohne geschichtliche Kenntnisse überhaupt nicht einschätzen, wie schnell die dritte „Kommunikationsrevolution" verlaufen ist und welche tiefgreifenden Veränderungen sich aus ihr für Kultur, Wirtschaft, Gesellschaft und Politik ergeben haben. Der Text von Hans-Dieter Kübler informiert über die verschiedenen Stadien der Entwicklung der Massenmedien. Die einführenden Texte von Brecht und Enzensberger zeigen, welche Hoffnungen häufig mit dem Aufkommen eines neuen Mediums verknüpft wurden; der abschließende Text von Enzensberger reflektiert die mediale Entwicklung und kommentiert diese Hoffnungen.

ZIELVORSTELLUNGEN/ KOMPETENZ-BESCHREIBUNGEN	Die Schülerinnen und Schüler erwerben bzw. festigen folgende Kompetenzen. Sie - erfassen die verschiedenen Stufen im Wandel der modernen Massenkommunikation - erschließen, wie die 3. Kommunikationsrevolution das Verhältnis von Sender und Empfänger verändert - reflektieren kritisch den Wandel der Medien - setzen eine Abbildung in Bezug zu einem Text - werten Tabellen und Grafiken aus und setzen sie in Bezug zu Sachtexten - entnehmen Texten Informationen - ziehen Schlussfolgerungen aus einem Text - ermitteln und bewerten Textaussagen und -intentionen kritisch - vergleichen Aussagen unterschiedlicher Texte und beziehen diese aufeinander
DURCHFÜHRUNG/ UNTERRICHTSSCHRITTE „MEDIENWANDEL"	1. Ist genügend Zeit vorhanden, kann dieses Modul mit der Bearbeitung von KV 8, entweder in Partner- oder in Gruppenarbeit, begonnen werden, bevor über die Diagramme auf Seite 54 weitere Medien und größere Zeiträume in den Blick genommen werden. 2. Der Brecht-Text „Der Rundfunk als Kommunikationsapparat" formuliert den Wunsch nach einem Massenmedium, in dem ein Empfänger zugleich auch Sender ist, und bereitet damit den Text „Baukasten zu einer Theorie der Medien" von H. M. Enzensberger vor. Beide Texte sind für das Verständnis des Enzensberger-Essays „Das digitale Evangelium" wichtig, wobei die Textinhalte den Schülern bei Zeitmangel auch als Sachinformation gegeben werden können.

3. Der Basistext „Medien- und Massenkommunikation: Begriffe und Modelle“ von Hans-Dieter Kübler (TH, S. 57 ff.) mit der in ihm enthaltenen Erläuterung der drei Kommunikationsrevolutionen wird am besten als Hausaufgabe vorbereitet, wobei außerdem die Aufgaben 1 bis 3 (TH, S. 58 f.) von den Schülern zu Hause bearbeitet werden sollten. Die Besprechung der Hausaufgabe sowie die Bearbeitung der weiteren Aufgaben zum Text erfolgen dann im Unterricht. Der Text sollte im Unterricht gründlich besprochen werden, weil er zentrale Informationen zur Mediengeschichte enthält, die alle Schüler für das Abitur auch präsent haben sollten.
4. Der Auszug aus dem Essay „Das digitale Evangelium“ von H. M. Enzensberger bildet den Abschluss des Moduls. In dem Text skizziert Enzensberger auf ironische Art die Entwicklung der (Neuen) Medien und mokiert sich darüber, dass die Theorie der Medien der praktischen Entwicklung eigentlich immer hinterherhinkt. Auch über seine frühere Einschätzung (vgl. Enzensberger-Text, TH, S. 56) des demokratischen Potenzials neuer Medien kann er heute nur lächeln.
Die Aufgaben 3 bis 6 ließen sich in Partner- oder Gruppenarbeit zur Besprechung vorbereiten, Aufgabe 7 könnte Hausaufgabe sein. Mit der im Text enthaltenen deutlichen Kritik am Internet lässt sich thematisch gut zum nachfolgenden Modul überleiten.

Lösungen

Klett Themenheft → S. 54 f.

Grafik „Medienentwicklung 1950 bis 2008“

1 Bei der Grafik handelt es sich um einen Zeitstrahl, der die wichtigsten Erfindungen im Bereich Medien zwischen 1950 und 2010 zeigt. Deutlich wird, dass zwischen 1970 und 1990 entsprechende Erfindungen gehäuft vorkommen. Die Frage, welche Medien verschwunden sind, will vor allem Gesprächsanlass sein. Verschwunden sind z. B. Tonband und Kassettenrecorder, auch das „Handy“, wie es Anfang der 1980er-Jahre auf den Markt kam, ist längst verschwunden. Zu unterscheiden wäre also zwischen der Erfindung an sich, dem Mobiltelefon nämlich, und dem Leistungsspektrum der Geräte. So kann man mit einem Smartphone zwar ebenfalls mobil telefonieren, doch noch vieles andere mehr machen.

Tabelle „Zur Geschichte der Medien“

1 Die Übertragung in einen Zeitstrahl kann auch nur verbal erfolgen. Deutlich werden sollte, dass es neben der Erfindungshochphase zwischen 1970 und 1990 (vgl. dazu Aufgabe 1 auf S. 54) auch um die vorherige Jahrhundertwende (zwischen 1888 und 1906) eine vergleichbar Phase der technischen Neuerung gab.

2 Die Aufgabe bereitet den nachfolgenden Text vor: Die Schüler sollen sich klarmachen, dass sich durch das Internet die Kommunikationsverhältnisse geändert haben: Zu den Prinzipien „ein Sender/ein Empfänger“ und ein „ein Sender/viele Empfänger“ tritt nun gleichsam das Prinzip „viele Sender/viele Empfänger“.

Klett Themenheft → S. 55

Bertolt Brecht: Der Rundfunk als Kommunikationsapparat

1 Der „Distributionsapparat“ entspricht dem Prinzip „ein Sender/viele Empfänger“, der „Kommunikationsapparat“ dem Prinzip „viele Sender/viele Empfänger“.

2 Nach Brecht sollte der Rundfunk den Austausch zwischen den Regierenden und den Regierten ermöglichen. Er sollte dafür sorgen, dass öffentliche Angelegenheiten auch den Charakter des Öffentlichen erhalten. Aus dem passiven Hörer sollte jemand werden, der aktiv Informationen einfordert.

3 Der Radionist im Bild ist nur einsamer Empfänger von Botschaften, die von außen kommen. Das Bild belegt Brechts These, dass Rundfunk in der jetzigen Form den Zuhörer isoliert (vgl. Text Z. 8).

Klett Themenheft → S. 56

Hans Magnus Enzensberger: Baukasten zu einer Theorie der Medien

1 Mit dem Wort „Bewußtseins-Industrie" meint Enzensberger die Produzenten von Medien aller Art. Das Wort „mobilisieren" möchte er im Sinne von „sich nicht instrumentalisieren lassen, sich nicht für fremde Zwecke einspannen lassen" verstanden wissen. Die Menschen sollen sich ihres Verstandes bedienen.

2 Ihrem Bauprinzip nach könnten Empfangsgeräte auch als Sender verwendet werden. Dass dieses Potenzial ungenutzt bleibe, sei politischer Wille und bilde den Grundwiderspruch zwischen Herrschenden und Beherrschten ab.

3 Die zentrale Gemeinsamkeit besteht in dem Wunsch, die technischen Möglichkeiten der Medien auszuschöpfen und sie zu echten Kommunikationsmedien zu machen, bei denen der Empfänger auch als Sender auftreten kann.

4 und 5 Das diesen Vorstellungen zugrunde liegende Kommunikationsmodell basiert auf dem Prinzip „viele Sender/viele Empfänger". Brecht und Enzensberger wünschen sich eine stärkere demokratische Teilhabe der Menschen mithilfe der Medien Rundfunk bzw. Film und Fernsehen. Die Medien sollen so umgestaltet werden, dass nicht mehr Inhalte nur an die Menschen verteilt werden, sondern dass diesen ein Feedback und auch Kontrolle möglich ist. Damit liegen sie auf einer Linie mit den Wissenschaftlern, die das Internet als „basisdemokratische Waffe" sehen (vgl. den Artikel von Stefan Schultz, S. 51).

6 Mit seiner Kritik nimmt Brecht in gewisser Weise einen zentralen Aspekt der 3. Medienrevolution vorweg, indem er sich ein Medium – wie heute das Internet – wünscht, bei dem der Nutzer eben nicht nur Empfänger ist, sondern zugleich auch Sender sein kann.

Klett Themenheft → S. 57 ff.

Hans-Dieter Kübler: Medien- und Massenkommunikation: Begriffe und Modelle

1 **A)** dispers (Z. 12): zerstreut, (fein) verteilt

B) transnationale Uniformität (Z. 16): nationenübergreifende Einförmigkeit

C) omnipräsentes Ferment (Z. 18): allgegenwärtiges Treibmittel

D) egalitäre Konversion (Z. 22): auf Gleichheit gerichtete Umwandlung

E) kategorial (Z. 54): grundsätzlich

2

Abschnitt 1: Bedeutung der Erfindung des Buchdrucks
Abschnitt 2: Zur Frage der Bewertung der herkömmlichen Massenmedien
Abschnitt 3: Die dritte Kommunikationsrevolution
Abschnitt 4: Technische Entwicklung der digitalen Geräte
Abschnitt 5: Die funktionale Differenzierung der Medien
Abschnitt 6/7: Zur Medialisierung der Lebensbereiche
Abschnitt 8: Zur Leistung des Medienbegriffs
Abschnitt 9: Interaktiv nutzbare Vermittlungsmedien
Abschnitt 10: Zum Internet als Massenmedium

3

	1. Kommunikationsrevolution	**2. Kommunikationsrevolution**	**3. Kommunikationsrevolution**
Zeitspanne	Erfindung des Buchdrucks (ausgehendes 15. bis Mitte des 19. Jahrhunderts)	Etablierung der modernen Massenmedien (Mitte des 19. bis Mitte des 20. Jahrhunderts)	Entwicklung digitaler Medien (seit der Mitte des 20. Jahrhunderts)
Medien	Printmedien (v. a. Buch, Zeitung, Zeitschrift)	elektronische Medien (v. a. Fernsehen, Radio)	digitale Medien (v. a. Internet)
Kommunikationsformen	ein Produzent, viele Leser	ein Produzent, viele Empfänger: „Massenwirkung"	viele Produzenten, viele Empfänger; Medien erlauben durch nahezu beliebige Datenkonversionen eine neue Art der Vernetzung
Folgen	immense strukturelle Auswirkungen auf nahezu alle Lebensbereiche	Medien als „omnipräsentes Ferment"; erzeugen Uniformität und Standardisierung	Medialisierung aller Lebensbereiche bei gleichzeitiger Segmentierung des Massenpublikums

4 Kommunikation stand ursprünglich für personale, direkte Kommunikation (also das Gespräch von Angesicht zu Angesicht und damit den Austausch von Information), dann auch für Massenkommunikation (also nicht mehr den Austausch, sondern die mediale „Verteilung" der Information). Durch das Internet kommt es nun zu einem Kommunikationsbegriff, der beide Aspekte (also sowohl die personale, direkte Kommunikation als auch die medial verteilende Kommunikation) verknüpft.

5 Persönliche, direkte Kommunikation wurde beispiellos ausgeweitet: Z. B. ist es durch Internet-Blogs möglich, Menschen mit seinen privaten Mitteilungen zu erreichen, die man gar nicht persönlich kennt. Auch Social Media vernetzen Leute, die sich gar nicht von Angesicht zu Angesicht kennen.

Auch die Massenmedien haben sich gewandelt. Wenn einem ein Beitrag in der gedruckten Tageszeitung missfiel, gab es früher die Möglichkeit, in Form eines Leserbriefes Stellung zu nehmen. Heute stehen die Zeitungsartikel online, und jeder kann sie öffentlich kommentieren. Auch in vielen Fernsehsendungen ist es üblich geworden, die Zuschauerreaktionen, die online eingehen, direkt in die Sendung einzubeziehen. Die Liste der Beispiele ließe sich fortsetzen. Insofern wurde durch die Neuen Medien mehr Öffentlichkeit hergestellt. Die klassischen Massenmedien, die früher nach dem Sender-Empfänger-Modell die breite Bevölkerung erreicht haben, müssen heute mit viel mehr Widerspruch bzw. Einflussnahme ihrer Konsumenten rechnen. Insofern wurden viele Forderungen Brechts und Enzensbergers nach mehr demokratischer Teilhabe der Massen erfüllt.

6 und 7 Das „Grundgesetz der Medien" besagt, dass ein neues Medium ein altes nicht (ganz) verdrängt, sondern sich für die alten Medien neue Nutzungsweisen ergeben. Funktionen etwa, die das Buch etwa früher als Informationsmedium hatte (man schlug beispielsweise etwas im Lexikon nach), sind weitgehend durch Wikis im Internet ersetzt. Dafür hat das Buch heute wohl stärker als früher eine unterhaltende Funktion. Auch die Bedeutung des Fernsehens als Informationsmedium ist zurückgegangen (Nachrichtensendungen etwa werden immer weniger gesehen), dafür nimmt die Unterhaltung, auch in Form des Infotainments, eine größere Rolle ein.

8 Gemessen an den tatsächlichen Benutzerzahlen und den verschiedenen Kommunikationsmöglichkeiten (Posts, E-Mails, Skypen, …) kann man das Internet wohl als Massenmedium bezeichnen (auch wenn natürlich nicht alle Nutzer alle Möglichkeiten nutzen). Eine Bewertung des Internets als Verteilermedium ist dagegen schwieriger. Zwar dürften wohl die meisten Menschen in der einen oder anderen Form das Internet auch zur Informationsbeschaffung nutzen (von der Wettervorhersage oder lokalen Informationen wie dem Kinoprogramm bis hin zu Wikis), doch bleibt offen, in welchem Umfang sie etwa aktuelle Nachrichten von gesamtgesellschaftlicher Bedeutung (also das, was Nachrichtensendungen im Fernsehen wie „Tagesschau" bzw. „Tagesthemen" oder „heute" bzw. „heute-journal" leisten) über das Netz beziehen.

Klett Themenheft → S. 60 f.

Hans Magnus Enzensberger: Das digitale Evangelium

1 **A)** „kuriose Autonomie" (Z. 36): sonderbare Unabhängigkeit

B) „monolithische Bewußtseins-Industrie" (Z. 47): „Monolith" = „ein einzelner Steinblock" (übertragen für „einsam herausragend")

C) „christliche Trias" (Z. 110): christliche Dreizahl (als die drei göttlichen, untrennbar verbundenen Tugenden)

D) „Samisdat" (Z. 159 f.): russisch „Selbstauflage" (gemeint ist die Verbreitung von systemkritischer Literatur in der früheren Sowjetunion auf nicht offiziellen Kanälen, zum Beispiel durch Abschreiben)

E) „emanzipatorische Potenz" (Z. 106): Fähigkeit zur Befreiung aus Bevormundung

2 Richtig ist: A)

3 und 4 Hans Magnus Enzensberger hält seine damaligen Erwartungen („Die neuen Medien sind ihrer Struktur nach egalitär.", Z. 96 f.) heute für „naiv" (vgl. Z. 103). Richtig sei zwar die Unterscheidung zwischen zentral gesteuerten und dezentral verfassten Medien gewesen, weil politisch bedeutsam (vgl. Z. 117). Mit der Erfindung des Internets hat sich nun ein lang gehegter Traum vieler, vor allem linker Intellektuellen erfüllt, weil der „Unterschied zwischen Sender und Empfänger abgeschafft" (Z. 123 f.) wurde, aber die erhoffte „emanzipatorische Kraft der neuen Medien" (Z. 139 f.) ist ausgeblieben. Stattdessen werden die neuen Möglichkeiten überwiegend zum Austausch von Banalitäten genutzt (vgl. Z. 136 ff.)

5 Enzensberger charakterisiert das Internet weitgehend negativ:
- Hard- und Software seien überwiegend selbstreferenziell
- zwar sei der Unterschied zwischen Sender und Empfänger abgeschafft (= positiv), doch gäbe es keinerlei Kontrollinstanz
- die Datenströme im Internet seien von „überwältigender Banalität"
- das Netz sei durch Werbung verschmutzt
- das Internet sei ein „Dorado für Kriminelle, Intriganten, Hochstapler, Terroristen, Triebtäter, Neonazis und Verrückte"

In der Bewertung sollten die Schüler auf ihre eigenen Erfahrungen zurückgreifen.

6 Die Sprache des Textes ist anspruchsvoll, aber auch anschaulich und bildhaft, bedingt durch die Textsorte. Ein Essay fordert ja eine gewisse sprachliche Elaboriertheit sowie Prägnanz.

Z. B.: „Die Theorie hinkt hinter ihren Gegenständen her. (Z. 7 f.); „in der Abenddämmerung der schwarzen Kunst" (Z. 17 f.); „Logenbrüder der Technik" (Z. 40); „der wahre Evangelist des Netzes ist das Kapital" (Z. 67 f.).

Zahlreiche Fremdwörter: „kuriose Autonomie" Z. 36); „störender Ignorant" (Z. 39); „Initiationsriten (Z. 43); „avancierte Methoden" (Z. 128).

Wenn es um die Beschreibung des Internets geht, verwendet Enzensberger viele abwertende Formulierungen, an denen man seine ablehnende Haltung erkennen kann: „überwältigende Banalität" (Z. 136); „Nicht jedem fällt etwas ein, nicht jeder hat etwas zu sagen" (Z. 140 f.); „die vielbeschrieene Interaktivität" (Z. 142 f.); „Eigenbrötlerei und Dissidenz" (Z. 155).

Die sprachliche Abwertung ist zugleich ein Mittel, den Leser auf seine Seite zu ziehen: Je negativer die Bewertung gerade indirekt erfolgt, desto schwieriger ist es, dem Gegenstand positiv gegenüberzustehen: Über ein bestimmtes Gerät lässt sich sachlich diskutieren, über „Spielzeuge" (vgl. Z. 38) nicht.

7 Hier ginge es darum, die frühere Sicht Enzensbergers überhaupt zu erfassen. Steht nicht der produktive Zugang im Vordergrund, bietet sich die Aufgabe vor allem dann zur Bearbeitung an, wenn der Text „Baukasten einer Theorie der Medien" (S. 56) nicht bearbeitet worden ist.

Modul VI: Medienkritik

INTENTION	Das Modul vertieft die Erkenntnisse von Modul V hinsichtlich des Medienwandels und der damit einhergehenden Medienkritik. Es gibt Einblicke in zentrale Aspekte aktueller Medienkritik und will zugleich den Blick für die historische Dimension von Medienkritik schärfen und verdeutlichen, dass die Einstellung der Neuen Medien gegenüber auch eine Art „Glaubensfrage“ ist.
ZEITBEDARF	3 Unterrichtsstunden bzw. 2 Unterrichtsstunden Bei knapper Zeit kann entweder nur der Text von Manfred Spitzer oder der von Sherry Turkle gelesen werden.
MATERIAL	Klett Themenheft, S. 62: Die Zahl: 56,5 Prozent Klett Themenheft, S. 62 ff.: Jörg Friedrich: Die Moral des Netzes. Philosophie für Nerds I Klett Themenheft, S. 64: Karikatur Klett Themenheft, S. 65 ff.: Manfred Spitzer: „Kinder lernen besser ohne Computer“ Klett Themenheft, S. 67 ff.: Sherry Turkle: „Wir sind zusammen allein“ Zusatztext online: Johann Georg Heinzmann: Vom Lesen der Romane, Klett Themenheft, S. 69 Klett Themenheft, S. 70 f.: Hans Magnus Enzensberger: Das digitale Evangelium
DIDAKTISCHE HINWEISE	Dieses Modul bietet unterschiedliche Texte zur Medienkritik. Der Text von Jörg Friedrich warnt vor Beobachtungs- und Überwachungsmethoden, die im Internet zunehmend gängig werden. Diese Kritik lässt sich konstruktiv nutzen, um das Bewusstsein der Schüler für ihr Medienverhalten zu schärfen. Anders als bei Friedrich, der einzelne Auswüchse des Netzes missbilligt, geht es bei den Interviews mit Manfred Spitzer und der amerikanischen Kommunikationswissenschaftlerin Sherry Turkle um grundsätzliche Ablehnung und Kulturkritik. Diese Sicht rückt dann der abschließende Text von Enzensberger wieder gerade, in dem er vermerkt, dass bislang noch jedes neue Medium von „Evangelisten“ einerseits und „Apokalyptikern“ andererseits begleitet wurde. Tenor des Textes: Es gibt keinen Grund, sich aufzuregen – auch nicht angesichts des Internets, der Social Media etc.

ZIELVORSTELLUNGEN/ KOMPETENZ-BESCHREIBUNGEN	Die Schülerinnen und Schüler erwerben bzw. festigen folgende Kompetenzen. Sie – erfassen und benennen unterschiedliche Aspekte der Medienkritik – stellen einen Bezug zwischen einer Karikatur und Texten her – lernen Medienkritik als historische Konstante kennen – entnehmen Texten Informationen – untersuchen den Argumentationsgang von Texten – untersuchen die sprachliche Gestaltung von Texten und beschreiben deren Wirkung – ziehen Schlussfolgerungen aus einem Text – ermitteln und bewerten Textaussagen und -intentionen kritisch (erörtern) – verfassen eine journalistische Textsorte (Leserbrief)

DURCHFÜHRUNG/ UNTERRICHTSSCHRITTE „MEDIENKRITIK“

1. Der Einstieg in den Unterricht erfolgt über den Impulstext „Die Zahl: 56,5 Prozent“. Die genannte Zahl bezieht sich auf den Anteil an unzuverlässigen Homepages. Damit wird ein erster Kritikpunkt am Netz erfasst und benannt.

2. Im Basistext „Die Moral des Netzes“ wird die Kritik am Internet ausgeweitet und vertieft. Jörg Friedrich kritisiert die Überwachung bzw. Spionage durch kommerzielle Anbieter im Internet. Die Erarbeitung des Textes kann weitgehend selbstständig durch die Schüler erfolgen (auch in Partner- oder Gruppenarbeit), und zwar entweder anhand der Aufgaben im Themenheft (S. 64) oder durch die Bearbeitung des Schreibtrainings (vgl. TH, S. 106–111).
   Alternativ lässt sich die Bearbeitung des Schreibtrainings auch als Hausaufgabe nach der Besprechung des Textes im Unterricht stellen.

3. Die beiden Texte von Manfred Spitzer und Sherry Turkle artikulieren geradezu paradigmatisch alle Ängste und Befürchtungen, die Enzensbergers „Medienapokalyptiker“ (vgl. Text S. 70) mit Neuen Medien in Verbindung bringen. Manfred Spitzer behauptet, Fernsehen und Computer machten dumm, und Sherry Turkle sieht in den Neuen Medien vor allem eine Gefahr für die soziale Entwicklung Jugendlicher.
   Als Einstiegsimpuls in die beiden Texte wurde bewusst ein Cartoon gewählt, der den souveränen Umgang Jugendlicher mit den Neuen Medien zeigt. Damit soll von vornherein verhindert werden, dass die Schüler die Einstellungen Spitzers und Turkles zu unkritisch übernehmen.
   Die beiden Interviews können arbeitsteilig behandelt werden. Je eine Gruppe erarbeitet ein Interview und präsentiert anschließend ihre Arbeitsergebnisse in der Klasse. Bei Zeitmangel könnte über die Überschriften der Texte auf die zentralen Kritikpunkte aufmerksam gemacht werden, die Texte selbst müssten dann nicht gelesen werden.
   Der Online-Text von Johann Georg Heinzmann „Vom Lesen der Romane“ kann herangezogen werden, um den Schülern eine historische Perspektive zu eröffnen und ihnen bewusst zu machen, dass jedes neue Medium zunächst – gerade von konservativen Kritikern – mit Ängsten und Befürchtungen besetzt wurde.

4. Der abschließende Auszug aus dem Essay von Hans Magnus Enzensberger thematisiert die beiden Sichtweisen, von denen neue Medien meistens begleitet werden. Auf der einen Seite die Evangelisten, die das Medium preisen, und auf der anderen Seite die Apokalyptiker, die es verdammen. „Apokalyptiker“ seien diejenigen, die die immer gleiche Kulturkritik übten, nämlich dass mit dem neuen Medium der Untergang des Abendlandes gewiss wäre: „Die Welt ist nur noch eine Simulation.“ Die „Evangelisten“ dagegen sehen in jedem neuen Medium wieder ein neues Glücks- und Heilsversprechen. Charakteristisch sowohl für „Evangelisten“ als auch „Apokalyptiker“ sei, dass ihr Denken gegen Fehlschläge und Irrtümer jeglicher Art immun sei.
   Neben der inhaltlichen Erarbeitung lohnt sich bei diesem Text auch ein genauerer Blick auf die Sprache, die viele biblische Anklänge zeigt.
   Im Zusammenhang mit der Bearbeitung des Textes kann eine Rückbindung an die beiden anderen Enzensberger-Texte (vgl. TH, S. 56 u. 60 f.) erfolgen. Eine schriftliche Zusammenfassung der Thesen Enzensbergers könnte die Unterrichtseinheit abschließen.

Lösungen

Klett Themenheft → S. 62

Die Zahl: 56,5 Prozent

1 *Wer hat die Untersuchung durchgeführt:* ein Forscherteam um die Kinderärztin Rachel Moon von der University of South Carolina – *Wie viele Internetseiten wurden geprüft:* 1300 Webseiten – *Welche Seiten waren die zuverlässigsten:* die Webauftritte staatlicher Stellen (80,1 % korrekte Informationen)

2 Da im Netz prinzipiell jeder Informationen online stellen kann und es kaum Kontrolle gibt, kommt es auch zu „Informationen“ von Menschen, denen es an Sachkenntnis mangelt. Neben mangelnder Sachkenntnis sind auch bewusst einseitige oder falsche Darstellungen ein wichtiger Grund, etwa bei Seiten, die ein kommerzielles Interesses verfolgen. Auch dann, wenn Seiten nach bestem Wissen und Gewissen und von sachlich kompetenter Seite erstellt wurden, kann es sein, dass Informationen veraltet sind (die Seiten also nicht hinreichend aktualisiert worden sind). Schließlich ist „falsch" relativ, da es zu einem Bereich durchaus verschiedene und jeweils gut begründete Ansichten geben kann.

3 Die zentrale Kritik lautet, dass Informationen aus dem Internet häufig unzuverlässig sind.

4 Die Untersuchung hat mit 1300 untersuchten Sites eine sehr breite Basis und zeigt insbesondere, dass selbst staatlichen bzw. institutionellen Quellen nur bedingt vertraut werden kann, weshalb es naheliegt, auch in anderen Bereichen von vergleichbaren Fehlinformationen auszugehen. Andererseits ist das Wissensgebiet „Schlaf bei Kindern" auch sehr allgemein. Es müsste sich also erst in entsprechenden Untersuchungen herausstellen, dass auch jeweils 1300 Websites über die Biografie Goethes, das Leben von Eisbären oder den Eisenbahnbau in vergleichbarer Weise fehlerhaft sind.

5 Die Aufgabe versteht sich als thematische Hinführung zu weiteren Texten im Kapitel, d.h., die Schüler sollen an dieser Stelle überhaupt einmal einen medienkritischen Standpunkt einnehmen.

Klett Themenheft → S. 62 ff.

Jörg Friedrich: Die Moral des Netzes

1 richtig sind: A), D)

2 Zur Bewertung der Beispiele vgl. Aufgabe 6.
Abschnitt 1: Beispiel Nachbarschaftsspionage
Abschnitt 2: Beispiel Kaufhausdetektiv
Abschnitt 3: Bezug der Beispiele auf die „reale" Welt
Abschnitt 4: Bezug der Beispiele auf das Web
Abschnitt 5: Verhalten im Netz ist sogar noch verwerflicher, da schwerer zu entdecken und zu verhindern
Abschnitt 6: Widerlegung der Behauptung, Spionage sei der Preis, den man für einen Netzzugang zu bezahlen habe: 1. das Argument „kostenlos" wird durch das Kaufhaus-Beispiel entkräftet; 2. in Wahrheit ist das Netz nicht kostenlos
Abschnitt 7: Furcht vor neuer Moral, die Werbeverweigerer stigmatisiert und sich auf die „reale" Welt überträgt
Abschnitt 8: Behauptung, man könne Anbieter zu moralischem Verhalten zwingen, und zwar auf der Grundlage eines vertieften Verständnisses dafür, was im Netz passiert

3 Man könnte entsprechende Anbieter zu einer Verhaltensänderung zwingen, wenn man ihre Dienstleistungen nicht mehr wahrnimmt, d.h. die Anbieter boykottiert, oder sich, etwa per E-Mail, beschwert.

4 Friedrich kritisiert, dass im Netz nicht die ansonsten herrschenden moralischen Normen bezüglich Voyeurismus und Ausspionieren gelten, sondern die Verhältnisse dort noch verwerflicher seien, da sie „viel schwerer nachzuvollziehen, aufzudecken und zu verhindern" seien.

5 Hier sollten sich die Schüler auf ihre eigenen Erfahrungen stützen.

6 In einer entsprechenden Stellungnahme wäre die von Friedrich angeprangerte Moral zunächst explizit zu benennen und dann die eigene Position begründet darzustellen, die durchaus auch in kritischer Auseinandersetzung mit Friedrich erfolgen kann. Eine mögliche Argumentationslinie könnte sein: Die Unterscheidung zwischen Internet-Moral und der Moral außerhalb des Netzes ist zwar richtig, aber zugleich wenig hilfreich, da sie voraussetzt, überall müssten die gleichen Moralvorstellungen gelten. Wer das Internet nutzt, weiß oder kann wissen, welche Gepflogenheiten dort herrschen, sodass es an jedem Nutzer selbst liegt zu entscheiden, ob er sich darauf einlässt. (Zum Vergleich: Wenn ein Kaufhaus tatsächlich so agieren würde, wie im Beispiel beschrieben, stünde es mir ja frei, vorausgesetzt, dass mich die Praktik stört, ein anderes Kaufhaus zu wählen.)

Klett Themenheft → S. 65 ff.

Manfred Spitzer: „Kinder lernen besser ohne Computer"

1 Salopp formuliert, könnte man sagen, Fernsehen macht dumm. Die Studie aus Neuseeland belegt, dass die Zahl der Schulabbrecher bei Vielsehern (als sie fünf Jahre alt waren) deutlich höher, die Zahl der Hochschulabsolventen dagegen deutlich geringer war.

2 Spitzers These: Fernsehen behindert die Gehirnentwicklung, da es dazu führt, dass gleichsam unscharfe Lernspuren ausgebildet werden.

Mögliche Gegenargumente: Der Zusammenhang zwischen TV-Konsum und Schulerfolg ist nicht ganz so nachvollziehbar, wie von Spitzer dargestellt, da erstens Ursache und Wirkung nicht eindeutig zu trennen sind. Selbst wenn Faktoren wie IQ „herausgerechnet" sind, könnten immer noch Faktoren wie Ehrgeiz bzw. Wille oder Kreativität eine Rolle spielen, und zweitens ist der Inhalt des Gesehenen nicht berücksichtigt worden.

3

- Spitzer würde, statt Computer anzuschaffen, lieber Lehrer anstellen.
- Die Schule unterstützt die Verwendung neuer Medien wie Powerpoint.
- Schule sei für viele Schüler heute nur noch „eine unangenehme Unterbrechung ihrer Freizeit".
- Schüler haben keinen „Schulstress". Spitzer verweist auf eine Studie, nach der sich die Schüler während der Schulzeit „rein physiologisch kurz vor dem Tiefschlaf" befänden und folglich auch nicht vernünftig lernen können.
- Die „mit Abstand wichtigste Variable für den Lernerfolg sei der Lehrer".

Die Aussagen sind zugespitzt und klingen populistisch. Spitzers Argumentation ist pauschalierend, z. B. ist der Notenabzug bei seinem Sohn wegen fehlender medialer Unterstützung durch Powerpoint wenig geeignet, zu behaupten, die Schule unterstütze Microsoft. Auch sind wohl kaum „die Schüler" immer kurz vor dem Tiefschlaf u. a.

4 Im Wesentlichen wird Alltagssprache verwendet, die jedoch gelegentlich ins Saloppe (vgl. „Glotze", „die Dummen", „Quatsch") abrutscht und damit dem Thema (und dem wissenschaftlichen Anspruch Spitzers) nur entsprechend eingeschränkt gerecht wird. Zu berücksichtigen ist, dass Interviewer und Interviewter sich gegenseitig anspornen zu Verallgemeinerungen und Übertreibungen, z. B. in Z. 78 ff.: „Fernsehen macht dumm gewalttätig." – „und zwar dosisabhängig [...]"

5 Es wird erwartet, dass die Schüler aufgrund ihrer eigenen Erfahrungen kritisch Stellung nehmen zu den Thesen und Meinungen Spitzers. Vor allem, wenn sie die Karikatur auf Seite 64 einbeziehen, werden sie viele von Spitzers Äußerungen als Vorurteile erkennen.

Klett Themenheft > S. 67 ff.

Sherry Turkle: „Wir sind zusammen allein"

1 Laut Turkle führt der Umgang mit den Neuen Medien zu zahlreichen Verhaltensänderungen:

Beobachtungen bei Jugendlichen: Jugendliche spüren sich nicht mehr, wenn sie ständig digital kommunizieren. („Ich teile mich mit, also bin ich.", Z. 69 f.); Jugendliche geraten in Panik, wenn sie ihr Handy nicht dabei haben (vgl. Z. 99 ff.); schriftliche Kommunikation per SMS ersetzt zunehmend mündliche Kommunikation (vgl. Z. 129 ff.).

Verhalten der Eltern: Die Eltern geben kein gutes Vorbild. Kinder und Jugendliche konkurrieren mit dem Smartphone der Eltern.

Veränderungen bei den Studenten: Die Fähigkeit, komplexe Sachverhalte langsam zu erfassen, ist ihnen verloren gegangen. Es fehlt die „Stille des Denkens" (Z. 169). Inhalte werden auf „kurz und süß und haiku" reduziert. Die Studenten können sich schlechter konzentrieren, sie schreiben auch schlechter.

2 Kontakte von Angesicht zu Angesicht schulen die sozialen Fähigkeiten (einander ins Gesicht sehen, sich unterhalten, sich in der Gruppe wohlfühlen, miteinander verhandeln) und stärken die Fähigkeit zur Selbstreflexion sowie die Autonomie.

3 Im Wesentlichen verlieren die Jugendlichen die Fähigkeit zum Gespräch, d. h., sie können nicht mehr ruhig dasitzen und zuhören, sich nicht mehr ins Gesicht sehen, nicht mehr sozial handeln und verhandeln; kurz, sie verlieren die Fähigkeit zu sozialem Handeln.

Darüber hinaus können Jugendliche nicht mehr allein sein (weswegen sie pausenlos zum Handy greifen müssen). Das bedingt auch, dass die Fähigkeit zur Selbstreflexion abhandengekommen ist und es ihnen an innerer Autonomie fehlt.

4 Zunächst müssen sich die Eltern bzw. Erwachsenen ihrer Vorbildfunktion bewusst werden und den Kindern vorleben, dass allein zu sein auch eine gute Sache sein kann. Sie sollten dann geschützte Räume schaffen, d. h. medienfreie Räume (wie die Küche oder das Esszimmer), die für das Gespräch von Angesicht zu Angesicht reserviert sind.

5 Im Original-Interviewtext sind folgende Fragen gestellt worden: Lücke 1: Waren Sie oft allein als Kind? Ohne dreitausend SMS pro Monat zu verschicken wie der durchschnittliche Teenager heute. Erwachsene, die nicht mit diesem Kommunikationsmittel aufgewachsen sind, sind aber auch nicht faul. Haben Sie das erlebt [nämlich dass auch auf einem Begräbnis gesimst wird]? – Lücke 2: Geht es um Kontrolle? Das ist doch gut [nämlich dass man sich so zeigen kann, wie man sein mag]. Warum soll man sich mit Minderwertigkeitsgefühlen quälen? – Lücke 3: Wie sieht es denn in Ihrer Branche aus, in der Universität? Viele leiden unter der Flut von E-Mails. Hat sie ernsthaftere Folgen als die höhere Arbeitsbelastung? – Lücke 4: Die Privatsphäre, wie wir sie kennen, ist geschichtlich etwas Neues. Kann es nicht einfach sein, dass die junge Generation wieder davon abkommt? Sind wir nicht einfach süchtig? Und Zuckerberg & Co. die Dealer? Aber das Verhalten ist doch ein Suchtverhalten – man kann sich nicht ausklinken, hat nie genug, braucht immer mehr. – Lücke 5: Und wie denken die Jungen über ihr eigenes Verhalten? Wie gehen die Jugendlichen mit diesem Übermaß an Kommunikation um? Sie berichten von der 14-jährigen Pattie, die ihr Handy abgestellt hat und es genießt, nicht erreichbar zu sein. Ein Einzelfall? Und die Erwachsenen? Wie ist das bei Ihnen selber? – Lücke 6: Wie machen Sie es denn mit Ihren Studenten? Und sie schlucken das? Und Sie?

6 Die Sprache des Interviews ist insgesamt sachlicher und weniger von Aggressivität geprägt als im Spitzer-Interview, wo sich Interviewer und Interviewter in alarmistischen Aussagen überbieten.

7 In beiden Texten wird von konkreten (Eigen-)Beobachtungen als argumentativer Grundlage ausgegangen. Auch wenn hier die eigenen Erfahrungen der Schüler im Vordergrund stehen, müsste doch vergleichend deutlich werden, dass zwischen den Textaussagen an sich kein Widerspruch besteht: Niggemeier geht es vor allem darum zu verdeutlichen, dass auch im Netz reale Kontakte gepflegt werden, während Turkle ihrerseits die Neuen Medien keineswegs verurteilt (vgl. „Technologie begeistert mich immer noch." „Ort […], an dem Leute mit ihrer Identität experimentieren können"), doch beklagt sie die Dominanz dieser Medien im Leben mancher Menschen.

8 In ihrer Erörterung sollten die Schüler zunächst die Aussage Turkles erläutern: Durch technische Geräte wie Mobiltelefone ist es möglich, mit anderen zusammen zu sein, aber gleichzeitig immer mit der Welt draußen nach Belieben in Kontakt zu treten. Auf die Art und Weise ist man zwar mit anderen zusammen, wendet ihnen aber nie die ungeteilte Aufmerksamkeit zu. Diese Geräte reduzieren die Fähigkeit zum Gespräch von Angesicht zu Angesicht und schaffen gleichzeitig die Illusion, mit anderen in ständiger Verbindung zu sein.

Die Schüler sollten dann ihre eigene Sichtweise darstellen, wobei wesentlich ist, dass sie auf weitere Aussagen Turkles zurückgreifen (z. B. auf die Eltern, die nicht von ihrem Smartphone aufblicken, wenn die Kinder aus der Schule kommen, oder die Liebespaare, die zwar zusammen sind, aber kaum miteinander reden und dafür Videospiele spielen) und diese durch eigene Erfahrungen belegen oder aber widerlegen bzw. relativieren.

Klett Themenheft → S. 70 f.

Hans Magnus Enzensberger: Das digitale Evangelium

1 Laut Enzensberger begleiten zwei Arten von Medienpropheten die Entwicklung der modernen Medien, die „Evangelisten" und „Apokalyptiker". „Apokalyptiker" seien diejenigen, die immer die gleiche Kulturkritik übten, nämlich, dass das Ende, ohne dass wir es bemerkt hätten, bereits eingetreten sei: „Die Welt ist nur noch eine Simulation.", während die „Evangelisten" jede neue technische Entwicklung enthusiastisch bejubeln und als Fortschritt für die Menschheitsgeschichte verstehen.

2 Charakteristisch sowohl für „Evangelisten" als auch „Apokalyptiker" sei, dass ihr Denken gegen Fehlschläge und Irrtümer jeglicher Art immun sei. Beide Gruppen lernten auch nichts aus der Geschichte der technischen Entwicklungen; die einen nicht, dass nicht jeder Fortschritt einen Rückschritt bedeutet, die anderen nicht, dass nicht jeder Fortschritt die Menscheit auch wirklich voranbringt.

3 Die Schüler sollten erkennen, dass die Texte sich in die von Enzensberger genannten Kategorien einordnen lassen. Im Gespräch können dann die Einstellungen der Autoren differenziert werden. (Bei Stefan Schultz ist überdies zu berücksichtigen, dass er nur über „Evangelisten" berichtet.)

Evangelisten	Apokalyptiker
Urs Gasser, Stefan Niggemeier, Stefan Schultz	Jens Uehlecke, Harald Martenstein, Jörg Friedrich, Manfred Spitzer, Sherry Turkle

4 Weitere Begriffe aus dem Kontext der Religion: Propheten, Offenbarung, Heil, Unheil, Segen, Fluch, Heilige Schriften, Verkündigungen, Verheißungen

Damit bringt Enzensberger auch sprachlich die von ihm behauptete Analogie der Medientheorie zu dem „vertrauten religionsgeschichtlichen Muster" (Z. 21) zum Ausdruck. Die Sprachverwendung charakterisiert aber auch den weihevollen Ernst, mit dem viele Medientheoretiker auftreten, und verrät Enzensbergers Einschätzung, dass die „Verheißungen" letztlich Glaubenssache sind.

5 Selbstverständlich wäre die Einschätzung gut zu begründen.

Modul VII: Jugendliche und das Medium Buch

Die Module VII–XI beziehen sich auf Kapitel 3 des Themenheftes „Sprache/Medien/Lesen und Literatur". Sie folgen der Kapitelgliederung und machen Vorschläge, wie sich der Stoff des Kapitels sinnvoll im Unterricht aufbereiten lässt. Um ihren Kenntnisstand und den Lernfortschritt festzuhalten, sollten die Schüler nach der Behandlung des Problemhorizonts eine Mindmap zum Thema des Kapitels anlegen, die sie im Verlauf des Unterrichts nach und nach für sich ergänzen. Die Schüler sollten auch aufgefordert werden, selbst Texte zum Thema zu suchen und festzuhalten, welche Aspekte darin abgedeckt werden.

INTENTION	Das Modul stellt das Thema „Jugendliche und das Medium Buch" in den Mittelpunkt. Die Schüler sollen ihr eigenes Leseverhalten sowie ihre eigene Lesesozialisation reflektieren. Sie werden außerdem darauf aufmerksam gemacht, dass das Buch heute viel stärker als früher in einem Konkurrenzverhältnis zu anderen Medien steht.
ZEITBEDARF	3 Unterrichtsstunden bzw. 2 Unterrichtsstunden Bei Zeitknappheit kann die Heidi-Episode (TH, S. 76 f.) übersprungen werden.
MATERIAL	Klett Themenheft, S. 74: Problemhorizont: Josef Rödl: Die Apachen hinter den Scheunen Klett Themenheft, S. 75: Abbildungen zum Thema Lesen Klett Themenheft, S. 76 f.: Umfrage Lesen; Johanna Spyri: Heidi Klett Themenheft, S. 78 f.: Laura Wieland: Jugend ohne Buch Klett Themenheft, S. 79: Tabellen: Bücher lesen 2011/Wichtigkeit der Medien 2011
DIDAKTISCHE HINWEISE	Die Schüler sollen für das Thema Lesen motiviert werden, indem in diesem Modul in erster Linie Erfahrungen von Jugendlichen mit dem Medium Buch behandelt werden. Das Modul ist auch als Schreibtraining gedacht, indem (vgl. TH, S. 79, Aufgabe 4) die Bearbeitung der Materialien in das Schreiben eines zusammenfassenden Informationstextes münden soll. Im Idealfall bearbeiten die Schüler dabei alle Materialien selbstständig.
ZIELVORSTELLUNGEN/ KOMPETENZBESCHREIBUNGEN	Die Schülerinnen und Schüler erwerben bzw. festigen folgende Kompetenzen. Sie – reflektieren ihre eigene Lesesozialisation – beschreiben und deuten Bilder – untersuchen literarische und Sachtexte – erheben Daten durch eine Umfrage, werten die Ergebnisse aus und stellen sie dar – erfassen und analysieren diskontinuierliche Texte – verfassen auf breiter Materialgrundlage einen zusammenfassenden Informationstext
DURCHFÜHRUNG/ UNTERRICHTSSCHRITTE „PROBLEMHORIZONT"	1. Der Text von Joseph Rödl „Die Apachen hinter den Scheunen", der von der Lesesozialisation des Autors in einer kleinen bayerischen Provinzschule in den 1950er-Jahren erzählt, dient als Einstieg. Er soll die Schüler dazu anregen, sich ihre eigene Lesesozialisation und ihre eigene Lesebiografie bewusst zu machen und sich darüber auszutauschen. 2. Die Abbildungen zum Thema „Lesen in der Vergangenheit und heute" machen schon die historische Dimension des Lesens bewusst. Die Bilder sind so ausgewählt, dass sich in ihnen eine kleine Kulturgeschichte des Lesens spiegelt und die Schüler unterschiedliche Funktionen des Lesens früher und heute erkennen können. Mit dem Besprechen und Ausdeuten der Bilder werden die Module VIII (Funktionen des Lesens) und IX (Funktionen des Literatur) vorbereitet. Mit Aufgabe 2 wird die Lektüre des Textes „Zeichen und Wunder" von Iris Radisch in Modul IX vorentlastet, in dem auf die Geschichte des Kirchenvaters Augustinus unter dem Feigenbaum angespielt wird.

DURCHFÜHRUNG/ UNTERRICHTSSCHRITTE „JUGENDLICHE UND DAS MEDIUM BUCH" KV 6

1. Die Frage nach der Begegnung mit dem Heidi-Stoff gibt Gelegenheit, die Rolle des Buches heute im Vergleich mit anderen Medien zu besprechen. Haben die Schüler „Heidi" als Film, als Fernsehserie oder in Buchform kennengelernt? In welcher Form sind die Eltern oder Großeltern dem Stoff begegnet?
   Die Befragung der Eltern bzw. Großeltern danach, wie diese mit dem Heidi-Stoff bekannt wurden, erfolgt am besten vor der Bearbeitung der übrigen Aufgaben auf S. 76.
2. Der kurze Textauszug aus Spyris „Heidi" wird in Partnerarbeit gelesen. Er spricht die Bedeutung des Lesenkönnens an und verweist darauf, wie prägend Lektüreerfahrungen für einen jungen Menschen sein können.
3. Der Basistext „Jugend ohne Buch", der vor allem neue Lese-Trends referiert, kann ebenso wie die Diagramme „Bücher lesen" und „Wichtigkeit der Medien" von den Schülern selbstständig im Unterricht erarbeitet werden. Die Überschrift bedient ein gängiges Klischee, das es als solches zu erkennen gilt, weil es durch den Text selbst so nicht gedeckt wird. Die Schreibaufgabe auf Seite 79 kann auch in Partner- oder Gruppenarbeit durchgeführt werden. Dabei sollten lernstärkere Schüler lernschwächere unterstützen.
4. Als Abschluss des Moduls können die Schüler den „Tipp zur Weiterarbeit" auf Seite 79 aufgreifen und eigenständig einen Fragebogen zum Leseverhalten Jugendlicher bzw. der Einstellung Jugendlicher zum Medium Buch entwickeln. Eine solche Umfrage würde die nachfolgenden Module thematisch vorbereiten. Eine Vorlage, wie ein solcher Fragebogen aussehen könnte, ist zusammen mit den Kopiervorlagen dieses Heftes im Klett'schen Download-Bereich eingestellt.

Lösungen

Klett Themenheft → S. 74

Problemhorizont: Josef Rödl: Die Apachen hinter den Scheunen

1 und 3 Die Schüler können ihre Leseerlebnisse mit denen Josef Rödls (vgl. Aufgabe 2) in Beziehung setzen.

2 Für den jungen Josef dienten Bücher der Unterhaltung (der Wunsch, das spannendste Buch lesen zu wollen), sie schenkten ihm ein Gefühl der Freiheit (durch die Fantasie), haben Einfluss auf seine Alltagswelt sowohl in der Vorstellung (Prärie der Apachen hinter der Scheune) als auch konkret (das Kochen von Suppe über dem Feuer) und machten ihn mit der Welt vertraut (er kannte London schon, bevor er das erste Mal dort war).

Klett Themenheft → S. 75

Abbildungen zum Thema Lesen

1 Augustinus liest, um innere Gewissheit zu erhalten. Der Prediger liest, um Wissen zu erlangen. Das junge Mädchen ist in sein Buch versunken und scheint durch das Lesen innerlich bewegt und ergriffen zu sein. Marylin Monroe hat sich in James Joyce' „Ulysses" vertieft. Von der Prestigefunktion, die dem Lesen vor allem in bildungsbürgerlichen Kreisen beigemessen wird, will auch der Hollywood-Star profitieren.

2 Augustinus von Hippo (354–450) war Kirchenlehrer, Philosoph und Bischof. In seinen autobiografischen Betrachtungen „Bekenntnisse" schildert er, wie er, der in der Jugend ein ausschweifendes Leben führte, im Garten unter einem Feigenbaum sitzend, eine Kinderstimme hörte, die immer wieder rief: „Tolle, lege!" Er verstand dies als göttlichen Befehl, ein Buch aufzuschlagen und die Stelle zu lesen, auf die sein Blick als Erstes fallen würde. In den Paulusbriefen las er: „Nicht in Fressen und Saufen, nicht in Wollust und Unzucht, nicht in Hader und Neid, sondern ziehet den Herrn Jesus Christus an und hütet euch vor fleischlichen Gelüsten." (Römer 13, 13–14), und richtete sein Leben künftig entsprechend aus.

Klett Themenheft → S. 76 f.

Jugendliche und das Medium Buch

1 Viele Schüler werden den Heidi-Stoff nicht als Buch, sondern in Form einer Fernsehserie oder eines Comic kennengelernt haben. Die Generationen der Eltern und Großeltern ist dagegen vermutlich häufiger über das Buch mit dem Heidi-Stoff in Kontakt gekommen.

2 Zum einen spricht ihr die Großmutter gut zu, zum anderen wird Heidi durch die Bilder, die sie an ihre alte Heimat erinnern, neugierig auf das Buch und die Geschichten darin.

3 Hier ist die Bewertung der Schüler gefragt. Sie sollen sich äußern, wie sie die Bedeutung von Büchern heute und für ihre Generation einschätzen.

Klett Themenheft → S. 78

Laura Wieland: Jugend ohne Buch

1 Richtig sind: C, E, F

2 Neue Trends sind:
- Lese-Zapping (also das Überfliegen von Texten)
- deutsch sprechende Migranten als neue Leseschicht
- Leselust des klassischen Gelegenheitslesers lässt nach
- die Lektüre von E-Books sowie das Lesen am Bildschirm nehmen zu

Die Schüler können diese Trends individuell bewerten.

3 Die Überschrift bezieht sich auf den Textpassus „Umso erschreckender, dass fast die Hälfte der 14- bis 19-Jährigen erklärt, sie hätten als Kind nie ein Buch geschenkt bekommen." (Z. 40 ff.) Der Abschnitt sagt jedoch weder etwas über das tatsächliche Leseverhalten noch etwas über die Wertschätzung des Buches unter Jugendlichen aus. In beiden Aspekten unterscheiden sich die Jugendlichen nicht von Erwachsenen. Insofern ist der Titel irreführend. Sachlich gerechtfertigter wäre eine Überschrift, die Geschlechterdifferenzen aufgreift.

4 Angesichts der einseitigen Überschrift könnte der Kommentar vor allem darauf eingehen, dass sich Jugendliche in ihrem Leseverhalten offenbar kaum (oder auch gar nicht) von Erwachsenen unterscheiden (sehr wohl dagegen Männer von Frauen). Berücksichtigt werden sollten ebenfalls die neuen Lesetrends.

Klett Themenheft → S. 79

Diagramme

1 „Bücher lesen 2011": Dargestellt wird, wie oft bzw. regelmäßig Jugendliche lesen. Unterschieden wird dabei nach verschiedenen Altersgruppen, besuchtem Schultyp und Geschlecht. – „Wichtigkeit der Medien 2011": Dargestellt wird die Bedeutung verschiedener Medien (Musik, Internet, Fernsehen, …) nach Geschlecht getrennt.

2 Wesentliche Aussagen des Diagramms „Bücher lesen 2011" sind, dass Gymnasiasten deutlich regelmäßiger und damit öfter lesen als Hauptschüler. Zugleich wird deutlich, dass Mädchen häufiger lesen als Jungen.

Das Diagramm „Wichtigkeit der Medien 2011" zeigt, dass die Unterschiede zwischen Jungen und Mädchen bei fast allen Medien eher gering sind. Die beiden Ausnahmen bilden hier das Lesen (das Lesen ist für fast zwei Drittel der Mädchen wichtig, aber nur für rund zwei Fünftel der Jungen) sowie das Spielen am Computer (nur für ein gutes Viertel der Mädchen wichtig, aber für 60 Prozent der Jungen).

3 Hierbei ist zu bedenken, dass die JIM-Studie auf einer Befragung in der Altersgruppe der 12- bis 19-Jährigen beruht. In einer homogeneren Altersgruppe können die Ergebnisse auch deutlich anders ausfallen.

4 Die Stellungnahme kann persönlich kommentierend gehalten sein, sollte aber auf jeden Fall wesentliche Fakten aus den verschiedenen Materialien berücksichtigen.

Modul VIII: Funktionen des Lesens

INTENTION	Das Modul setzt das Thema von Modul VII fort. Die Schüler erkennen anhand verschiedener literarischer Texte, dass Lesen Auswirkungen auf den Leser hat, und gewinnen eine Vorstellung von den unterschiedlichen Funktionen des Lesens (auch für sich selbst). Zwei Sachtexte dienen der Reflexion darüber, was der Begriff „Lesen" eigentlich bedeutet.
ZEITBEDARF	2 Unterrichtsstunden bzw. 1 Unterrichtsstunde Statt der drei literarischen Texte können nur zwei behandelt werden (TH, S. 80) sowie nur der Sachtext auf S. 83.
MATERIAL	*Klett Stundenblätter, S. 17: KV 6: Karikaturen zum Thema Lesen deuten* Klett Themenheft, S. 80 f.: Peter Bichsel: Das Lesen; Günter Grass: Fortsetzung folgt ...; Carlos Maria Dominguez: Das Papierhaus Klett Themenheft, S. 82 f.: Alberto Manguel: Lies, um zu leben; Hans Joachim Griep: Die Tätigkeit „Lesen"
DIDAKTISCHE HINWEISE	Die beiden Texte von Bichsel und Grass greifen eigene Jugenderlebnisse auf, der Text von Dominguez hat eigentlich einen politischen Hintergrund, der aber in dem Zusammenhang nicht angesprochen werden muss. Wichtig ist, dass die Schüler erkennen, welche Folgen die Lektüre von Büchern haben und wie sie sich auf individuelle Biografien auswirken kann.

ZIELVORSTELLUNGEN/ KOMPETENZ-BESCHREIBUNGEN	Die Schülerinnen und Schüler erwerben bzw. festigen folgende Kompetenzen. Sie - beschreiben Karikaturen - untersuchen, vergleichen und bewerten literarische Texte - können unterschiedliche Funktionen von Lesen benennen - entnehmen Sachtexten Informationen - ermitteln und bewerten kritisch Textaussagen und -intentionen (erörtern) - beziehen Aussagen unterschiedlicher Texte aufeinander
DURCHFÜHRUNG/ UNTERRICHTSSCHRITTE „FUNKTIONEN DES LESENS" KV 7	1. Die beiden Karikaturen auf KV 6 können die Behandlung der drei Basistexte auf den Seiten 80 f., die den Stellenwert des Lesens auf unterschiedliche Weise thematisieren, entweder ergänzen (als humorvoller Einstieg) oder aber, bei Zeitknappheit, auch ersetzen. (Zu fragen wäre dann mit Blick auf die Karikaturen: Welcher Stellenwert wird dem Lesen beigemessen? Was bedeutet das Lesen Ihnen?) 2. Die drei literarischen Texte sind leicht zu erfassen. Sie können gemeinsam gelesen und besprochen, oder auch in arbeitsteiliger Gruppenarbeit behandelt werden. Beim Text von Bichsel sollen die Schüler erkennen, dass Lesen hauptsächlich als Mittel des sozialen Aufstiegs dient, beim jugendlichen Grass handelt es sich um identifikatorisches Lesen, d. h., der Junge versinkt ganz und gar in einer fremden Welt. Beim Text von Dominguez wäre der Aspekt wichtig, dass Lesen nicht folgenlos bleibt, sondern Auswirkungen auf das reale Leben hat. 3. Im Basistext „Lies, um zu leben" beschreibt Alberto Manguel, wie er lesen gelernt hat, und vor allem, was er unter dem Begriff „Lesen" versteht. Für ihn ist Lesen jede Tätigkeit, die das Entziffern und Deuten von Zeichen jeder Art umfasst. Der Text kann – zur Stundenentlastung – als Hausaufgabe vorbereitet werden. Manguels Bestimmung des Begriffs wird im Aufbautext „Die Tätigkeit ‚Lesen'" von Hans-Joachim Griep aufgegriffen und relativiert. Griep verweist darauf, dass alles „Lesen" und „Deuten" jeweils kulturspezifisch kodiert ist. Durch die Auseinandersetzung mit der/den verschiedenen Begriffsbestimmung(en) sollen die Schüler zu einer eigenen Definition des Lesens kommen.

Lösungen

Klett Themenheft → S. 80 f.

Peter Bichsel: Das Lesen

1 Die Tante sieht Lesen als Ausdruck höherer Bildung; Bichsel selbst ist stolz darauf, dass man ihn für alt genug hält, „ein Leser zusein“ (Z. 28). Die Eltern sehen Lesen als Mittel zum Zweck, bessere Erfolgsaussichten zu haben (außerdem wollten sie sich vor der Tante nicht blamieren); wie Bichsel zu dieser Ansicht steht, bleibt offen. Zwar quält sich Bichsel mit dem Buch der Tante, aber zum Schluss hat sich sein Leben verändert: Er will ein Leser bleiben (Z. 34 f.)

Günter Grass: Fortsetzung folgt …

1 und 2 Die Anekdote soll zeigen, wie intensiv Grass als Kind in die Literatur eingetaucht und wie real die literarische Welt für ihn gewesen ist. Die Anekdote ist an sich wenig glaubhaft, versteht man sie jedoch als bildhaften Vergleich, veranschaulicht sie überzeugend, wie man sich durch Lesen in ganz anderen Welten bewegen kann.

3 Bei Grass steht die Lust am Lesen im Zentrum, das Vergnügen, in andere Welten einzutauchen, während Bichsel Lesen vor allem als Arbeit beschreibt (auf die man dann auch entsprechend stolz sein darf). Zugleich ist das Lesen bei Bichsel aber auch Kompensation (weil man ohnehin nicht Fußballspielen oder auf Bäume klettern kann).

4 Mutmaßlich neigen beide Autoren zur Übertreibung, dies gilt sowohl für die Seifen-Anekdote bei Grass als auch für Bichsels Darstellung der Familienverhältnisse und seiner „Qual“ beim Lesen.

Carlos Maria Dominguez: Das Papierhaus

1 Bücher können tatsächlich das Schicksal eines Menschen verändern. Domginguez illustriert das an einem scheinbar banalen Fall: Bluma Lennon gerät unter ein Auto, weil sie in ihr Buch vertieft war. Die Aussage gilt auch für die Texte von Bichsel und Grass. Durch das Geschenk der Tante nimmt Bichsels Leben eine bestimmte Richtung, und Grass erschließen sich durch die Bücher neue Lebensbereiche, was nicht ohne Auswirkungen auf sein späteres Leben bleibt.

2 Bücher können für den Leser gefährlich werden, sie können ihn verstören, zum Denken anregen, eine Weltsicht ermöglichen, sodass hinterher das Leben nicht mehr ist wie vorher.

3 Die Erzählhaltung schwankt zwischen ironischer Distanz und scheinbarer Ernsthaftigkeit. Aus diesem Gegensatz bezieht der Text seine komische Wirkung.

Klett Themenheft → S. 82

Alberto Manguel: Lies, um zu leben

1 Manguel bekommt die Buchstaben von seinem Kindermädchen erklärt, sodass er in der Lage ist, diese Zeichen einer konkreten Abbildung im Buch zuzuordnen. Sein großes Leseerlebnis hat er, als er entdeckt, dass sich diese Buchstaben neu kombinieren lassen und einen Sinn ergeben. (Vgl. Z. 24).

2 Manguel setzt „Lesen“ mit „Deuten“ gleich. (Vgl. hierzu die Aufgabe 3 zum nachfolgenden Text von Hans-Joachim Griep“.)

Klett Themenheft → S. 83

Hans-Joachim Griep: Die Tätigkeit „Lesen“

1 Ein röhrender Hirsch ist für uns heute ein banales, abgegriffenes Bild eines wohlbekannten Tieres. Für die Betrachter in prähistorischer Zeit hatte das Bild unter Umständen magischen Charakter und sollte den Jagderfolg sichern. Vermutlich hatte es auch für die meisten Betrachter einen Neuigkeitswert, d. h., dass sie sich noch nie einen Hirsch so genau und eingehend ansehen konnten.

2 Der Begriff „Lesen“ kann nicht eindeutig definiert werden, weil *das Lesen kulturspezifisch angelegt ist.* (Um beim Hirsch-Bild zu bleiben: Wir deuten heute das Bild eines Hirsches mit anderen Augen als ein Höhlenmensch.)

3 Durch die Metapher wird impliziert, dass jede Erscheinung bzw. jedes Ereignis deutbar und damit lesbar sei. Diese allgemeine Lesbarkeit möchte Griep nicht mit dem Begriff „Lesen“ verbinden. Es geht ihm darum, das Lesen enger zu fassen und als Deutung von Zeichen bzw. Symbolen zu verstehen.

4 Ziel ist, dass die Schüler den Begriff Lesen für sich gedanklich klären. Dabei müssen sie die Auffassungen von Manguel oder Griep nicht teilen. Sie könnten Lesen auch so definieren: Lesen ist die Deutung verschriftlichter Sprachzeichen zum Zweck der Informationsentnahme. Oder – mit Blick auf Bichsel bzw. Grass: Lesen ist das Eintauchen in eine andere Wirklichkeit.

Modul IX: Funktionen der Literatur

INTENTION	Das Modul vertieft das Modul VIII „Funktionen des Lesens“, indem nicht nur die Bedeutung des Lesens für den Einzelnen angesprochen wird, sondern der Wert des Lesens von „guter Literatur“ betont wird. Die Schüler sollen sich kritisch erörternd mit den vertretenen Positionen auseinandersetzen.
ZEITBEDARF	2 Unterrichtsstunden bzw. 1 Unterrichtsstunde Auf die Behandlung ds Textes von Elias Canetti kann bei knapper Zeit verzichtet werden.
MATERIAL	Klett Themenheft, S. 84: Elias Canetti: Schatzkästlein Klett Themenheft, S. 85 f.: Iris Radisch: Zeichen und Wunder Klett Themenheft, S. 86 f.: Martin Walser: Warum liest man überhaupt?
DIDAKTISCHE HINWEISE	Der Text von Canetti knüpft inhaltlich an die literarischen Texte des vorausgegangenen Moduls an und erzählt von frühen prägenden Leseerfahrungen. Basis- und Aufbautext haben rhetorisch-appellativen Charakter und setzen sich für das „literarische“ Lesen ein. Der Text von Iris Radisch plädiert vehement für den dauerhaften Erkenntnisgewinn durch gute Bücher. Martin Walser setzt sich aus der Perspektive des Schriftstellers mit dem Wert von Literatur für den Leser auseinander. Der Text von Iris Radisch (TH, S. 85 f.) beginnt (und endet) mit dem Verweis auf das Erlebnis des Augustinus „Tolle, lege“, zu dem es im Themenheft auf S. 75 eine bildliche Darstellung gibt. Wurde die dortige Aufgabe 2 noch nicht bearbeitet, könnte sie hier vorbereitende Hausaufgabe sein.

ZIELVORSTELLUNGEN/ KOMPETENZ-BESCHREIBUNGEN	Die Schülerinnen und Schüler erwerben bzw. festigen folgende Kompetenzen. Sie - entnehmen Sachtexten Informationen - ermitteln und bewerten kritisch Textaussagen und -intentionen - untersuchen und beschreiben die Argumentation von Texten - untersuchen und charakterisieren die sprachliche Gestaltung von Texten - ziehen Schlussfolgerungen aus Sachtexten - vergleichen Aussagen unterschiedlicher Texte und beziehen diese aufeinander
DURCHFÜHRUNG/ UNTERRICHTSSCHRITTE „FUNKTIONEN DES LESENS“	1. Der Impulstext „Schatzkästlein“ von Elias Canetti beschäftigt sich noch einmal mit den Funktionen des Lesens, indem der Autor schildert, welche Bedeutung die Erzählungen aus Johann Peter Hebels „Schatzkästlein des Rheinischen Hausfreunds“ für ihn und sein Leben hatten und haben. Auf die Behandlung des Textes kann verzichtet werden, wenn die Texte von Bichsel, Grass und Dominguez im Modul VIII (vgl. TH, S. 80 f.) ausführlich besprochen worden sind. 2. Die Texte „Zeichen und Wunder“ von Iris Radisch (TH, S. 85 f.) sowie „Warum liest man überhaupt?“ von Martin Walser (TH, S. 86 f.) sind gleichsam Klassiker feuilletonistischer Literaturpreisungen. Beide Texte lassen sich in Gruppen zeitgleich erarbeiten. Die Gruppen informieren sich dann gegenseitig über die Texte und ihre Arbeitsergebnisse. Möglich ist auch, zuerst den Radisch-Text gemeinsam im Unterricht zu behandeln (die Bearbeitung der Aufgaben kann in Partner- oder Gruppenarbeit erfolgen) und den Walser-Text als Hausaufgabe bearbeiten zu lassen. Die Schüler sollten erkennen, dass der Argumentationsgang beider Texte wenig stringent ist. Wichtig wäre in jedem Fall, dass die Schüler mindestens eine der beiden längeren Schreibaufgaben (Aufgabe 6 zum Radisch-Text auf S. 86 bzw. Aufgabe 7 zum Walser-Text auf S. 87) selbstständig bearbeiten.

Lösungen

Klett Themenheft → S. 84

Elias Canetti: Schatzkästlein

1
- Johann Peter Hebel (1760–1826): Autor der Sammlung „Schatzkästlein des Rheinischen Hausfreundes", mit dem er zugleich die Gattung „Kalendergeschichte" prägte.
- Elias Canetti (1905–1994): Für seinen Roman „Die Blendung" erhielt er 1981 den Literaturnobelpreis.

2 Die Geschichten des „Schatzkästlein" wecken in Canetti vertraute, heimatliche Gefühle, öffnen ihn für die Moral der Geschichten, werden ihm zur Vergleichsfolie für sein eigenes Schreiben und vermitteln ihm indirekt die Kurzschrift.

3 Hier gibt es viele Möglichkeiten (Literatur ist spannend/langweilig, lehrreich, witzig, subversiv, gefährlich, traurig, ein Stück Erinnerung, …). Wichtig wäre, dass die Schüler auch jeweils ein Beispiel – gerade aus ihrer persönlichen Erfahrung – nennen.

Klett Themenheft → S. 85 f.

Iris Radisch: Zeichen und Wunder

1 Literatur kann: vergangene Zeiten gegenwärtig machen, das Innere eines anderen für uns erfahrbar machen, kann die Begegnung mit sich selbst als einem Fremden ermöglichen, kann bilden, den Möglichkeitssinn schärfen, den Geschmack bilden, kann uns aus der uns umgebenden Konvention und Banalität herausholen, kann das (Nach-)Denken befördern. – Für die Autorin ist das alles „ein großes Glück" (Z. 101).

2 Zunächst stellt Radisch fest, dass man das Lesen nicht befehlen könne, d.h., das Vergnügen am Lesen kann nur aus der Literatur selbst heraus erwachsen, was wiederum nur dann gelingt, wenn man ihr zubilligt, einen Erkenntnisgewinn zu verschaffen, den die bloße Realität nicht vermitteln kann.

Mit Blick auf die Argumentation ist problematisch, dass Radisch nur eingeschränkt zwischen den Begriffen Lesen, Buch und Literatur trennt und die Begriffe insgesamt als Metapher für bestimmte Inhalte samt der dazugehörigen Weltanschauung verwendet. Auch wenn man ihr etwa zustimmen wird, dass man in einem guten Buch mehr über die Liebe erfahren kann als „im elenden Nachtprogramm von RTL", ist doch die Verabsolutierung von Buchinhalten zur „eigentlichen Wirklichkeit" durch nichts belegt. Man könnte ja auch annehmen, dass man über Liebe am meisten durch Lieben und Geliebtwerden selbst erfahren kann (und zwar die diversen Arten der Liebe: Elternliebe, Geschwisterliebe, Freundesliebe, …).

3

Früher	Heute
– „schickte der Herr ab und zu eine Botschaft aus dem Himmel, um die Erdbewohner zur Lektüre anzuhalten." (Z. 4 ff.)	– gibt es die Stiftung Lesen (Z. 2 f.)
– „Viel mehr Leser werden es zu Augustinus' Zeiten auch nicht gewesen sein." (Z. 24 ff.)	– „Nur noch sechs Prozent aller Deutschen greifen abends lieber zum Buch als zur TV-Fernbedienung." (Z. 20 ff.)
– „Auch damals wird es irgendeinen drahtigen Ansager gegeben haben, der die stammesfürstlichen Bulletins ausschrie. Und auch ihn wird man heftig verehrt haben." (Z. 29 ff.)	– „Kerner beliebter als Kleist? Wickert bekannter als Wieland?" (Z. 27 f.)
– „Bis die Aufklärung kam und eine grandiose Idee hatte: Gleichheit, Brüderlichkeit, Freiheit für alle – auch in der Erziehung." (Z. 34 ff.)	– „sind Eltern, die ihr Automobil zwar vorbildlich parken, ihre Kinder aber blindlings vor dem Fernseher absetzen, gewissenlose Kinderverderber." (Z. 39 ff.)

In früheren Jahrhunderten war Lesen ein Privileg weniger, erst die Aufklärung hat das Lesen sozusagen demokratisiert. Nach Radisch sind wir dabei, diese kulturelle Errungenschaft wieder zu verspielen.

4 Radisch bewertet Fernsehen als negativ, wenn auch nicht grundsätzlich. Das Problem bestehe eher darin, dass „Fernseh- und Rundfunkintendanten ihre Kultursendungen haufenweise auf den Müll [kippen]". (Z. 45 ff.). Bücher dagegen (so es keine „Wegwerfbücher" sind) seien positiv besetzt. Argumentativ gestützt ist das alles nicht bzw. nur bedingt (vgl. Aufgabe 2). Es kommt hinzu, dass (vgl. Aufgabe 3) die Darstellung von Radisch auch sonst sachlich bedenklich ist: „Viel mehr Leser werden es zu Augustinus' Zeiten auch nicht gewesen sein." (Z. 24 ff.) – Nein, natürlich nicht, was aber nicht nur daran liegt, dass es damals weder Fernsehen noch Bücher im heutigen Sinne gab, sondern daran, dass fast niemand lesen konnte. Ein anderes Beispiel wäre: „schickte der Herr ab und zu eine Botschaft aus dem Himmel, um die Erdbewohner zur Lektüre anzuhalten." (Z. 4 ff.) – Nicht das Lesensollen im Sinne der Leseförderung war die Botschaft, sondern das Gelesene sollte Antwort geben auf Augustinus' Selbstzweifel.

5 Sprachlich auffällig sind einerseits die vielen wertenden Ausdrücke (z. B. „glücklich", „große Liebe", „primitiv, „Elend"), die geradezu antithetisch gesetzt sind (und die eigentliche Argumentation fast ersetzen), andererseits die begriffliche Unschärfe (s. o.: Lesen, Literatur, Buch; Gegenwirklichkeit, eigentliche Wirklichkeit, Welt), die mit einer metaphorischen Übertreibung einhergeht (z. B. Lesen als „weltumstürzendes Wunder" oder „Weltwunder"). Insgesamt trägt dies zu einer emphatischen Schreibweise bei, die durch zahlreiche Kurzsätze und rhetorische Fragen unterstützt wird. So erinnert der Text auch an eine appellative Rede (etwa ein Plädoyer).

Klett Themenheft → S. 86 f.

Martin Walser: Warum liest man überhaupt?

1 Unter einer „Fiktion" versteht man eine erdachte Welt, die sich an der realen orientieren kann, aber nicht muss. Nach Walser antwortet Fiktion auf die Wirklichkeit, ohne dass die Wirklichkeit in unsere Erwartungen „hineinpfuschen" kann (d. h. mit anderen Worten, dass eine neue Wirklichkeit im Erdachten geschaffen wird).

2 Der Leser hat etwas zu fürchten und zu wünschen. Der Leser will beim Lesen seine Erfahrungen teilen. Der Leser antwortet innerlich auf ein Buch. Der Leser potenziert die Fiktion. Der Leser will ein besseres Ende jeder Geschichte. Der Leser ist ein uneinverstandener Mensch.

3 Walser begründet dies mit der Behauptung, das Geschriebene sei unfertig und müsse vom Leser erst zum Leben erweckt und dadurch vollendet werden.

Problematisch ist diese Argumentation insofern, als – unausgesprochen – gute Bücher mit schlechten Filmen oder Fernsehserien verglichen werden. Walser lässt bei seiner Argumentation außer Acht, dass es sowohl schlechte Bücher („Schundromane") als auch gute, künstlerisch wertvolle Filme gibt, die die aktive Beteiligung des Zuschauers verlangen.

4 Wenn das wahre Lesen Entgegnung ist, muss der Leser sogar mit dem Autor vergleichbare Erfahrungen gesammelt haben, sonst „sagt" ihm das Buch nichts.

Als absolute Bestimmung des Lesens von Literatur kann diese Aussage kaum Bestand haben (vgl. Aufgabe 6), doch wird sie auf bestimmte Lesesituationen (und damit auch für bestimmte Leser) zutreffen. Das können die Schüler vielleicht durch eigene Erfahrungen belegen.

5 Walser entwickelt eine Beschreibung dessen, was Lesen und Schreiben ausmacht. Charakteristisch ist das stilistisch breit gespannte Repertoire, das von kühnen Metaphern (z. B. das Brodeln der „imaginären Wesensmilch", Z. 9 f.) über gehobene Bildungssprache (z. B. „eo ipso", „imaginär", „Fiktion") bis zu umgangssprachlich-saloppen Ausdrücken (z. B. „Dreinpfuschen") reicht. Dabei formuliert Walser sehr provokant (z. B.: „wer also zufrieden ist mit sich, der hat aufgehört, ein Leser zu sein", Z. 31 f.) und verallgemeinernd (z. B.: „Jeder will weit fort", Z. 52). Er bedient sich verschiedener rhetorischer Figuren wie Wiederholungen und Reihungen (z. B. „Vorhandenes, Passiertes, Wirkliches" oder „Protestkraft, Kritikkraft, Wunschkraft") sowie Antithesen (z. B.: „Happy End" vs. „Unhappy End").

Der Text wurde ursprünglich nicht als Lese-, sondern als Redetext konzipiert. Vor allem die vielen rhetorischen Fragen haben den Zweck, einen direkten Kontakt zum Zuhörer zu schaffen und ihn in den Gang der Rede einzubeziehen.

6 Die beiden Texte argumentieren unterschiedlich. Während Radisch betont, dass Literatur dem Leser eine neue Welt (die „eigentliche Wirklichkeit") eröffnet, steht für Walser die Beziehung zwischen Schreiber und Leser im Vordergrund. Auf die Fiktion des Schreibens antwort der Leser mit seiner Fiktion des Deutens. Deshalb ist für Walser Lesen in erster Linie „Entgegnung"; er geht aus von dem aktiven Leser, der sich intensiv mit dem Gelesenen auseinandersetzt. Einig sind sich die beiden Autoren darin, dass Lesen einen inneren Zugewinn für den Leser bedeutet, den die Beschäftigung mit anderen Medien nicht in dem Maße leisten kann.

7 Entscheidend ist hier, dass zunächst reflektiert wird, was man unter „Kunst" versteht bzw. welche Funktion sie hat (z. B. den Menschen im Inneren berühren). Dabei gilt es, verschiedene Kunstformen zu unterscheiden, die auf unterschiedliche Weise wirken können (ein Bild etwa über das Auge, Musik über die Ohren, eine Skulptur über das Auge und die Berührung u. a.). Schon deshalb scheint es nicht zulässig, eine Oper mit dem Lesen zu vergleichen. Speziell bei Oper und Film kommt hinzu, dass es sich um Gesamtkunstwerke handelt, in denen Sprache, Musik und (Bühnen-)Bilder eine gemeinsame Wirkung erzielen wollen, die im Ganzen zu erfassen mehr Aktivität (und Wissen) verlangt als das bloße Lesen.

Modul X: Literatur und Lesen früher und heute

INTENTION	Die Materialien des Moduls spannen den geschichtlichen Bogen vom 19. Jahrhundert bis in die Gegenwart und in die Zukunft hinein. Die Texte diskutieren den Stellenwert des Lesens früher und heute – gerade auch vor dem Hintergrund des Aufkommens der Neuen Medien. Die Schüler nehmen so eine gewandelte und sich weiter verändernde Lese- bzw. Buchkultur wahr.
ZEITBEDARF	4 Unterrichtsstunden bzw. 3 Unterrichtsstunden Bei knapper Zeit können die Texte von Hannelore Schlaffer und David Gelernter entfallen
MATERIAL	Klett Themenheft, S. 88: Ulrich Greiner: Der Kanon und die Kanonen Klett Themenheft, S. 89: H. J. Grünwaldt: Sind Klassiker nicht etwa antiquiert? Klett Themenheft, S. 90 f.: Hannelore Schlaffer: Setz einen Frosch auf einen Stuhl Klett Themenheft, S. 92 f.: Peter Stein: Lesen und Lesekompetenz in der Medienwelt Klett Themenheft, S. 94 f.: David Gelernter: Von der Zukunft des Lesens
DIDAKTISCHE HINWEISE	In den beiden Basistexten von Ulrich Greiner und H. J. Grünwaldt wird die Frage angesprochen, welche Literatur in der Schule gelesen werden sollte. Diese Frage wäre unter den in diesem und dem folgenden Modul neu hinzukommenden Gesichtspunkten (Veränderungen der Bedingungen des Lesens; Lesekompetenz als Medienkompetenz; mögliche Bedrohung des Buches durch die Neuen Medien) immer wieder neu zu stellen. Während die Texte von Greiner, Grünwaldt und Hannelore Schlaffer die Lese- und Buchkultur aus einer Sicht bewerten, die von einem aus dem 19. Jahrhundert stammenden Bildungsbegriff bestimmt ist, setzen sich die Sachtexte von Peter Stein und David Gelernter mit dem Thema Lesen unter den radikal gewandelten Bedingungen des neuen elektronischen Zeitalters auseinander. War Lesen früher unverzichtbarer Ausweis von Bildung, tritt dieser Bildungsaspekt heute in den Hintergrund. Dafür wird die reine Lesefähigkeit angesichts der zunehmenden Menge von Informationen in den Neuen Medien immer wichtiger.

ZIELVORSTELLUNGEN/ KOMPETENZ-BESCHREIBUNGEN	Die Schülerinnen und Schüler erwerben bzw. festigen folgende Kompetenzen. Sie – erörtern Vor- und Nachteile kanonischer Schullektüre – erkennen Veränderungen in der Lesekultur, bedingt durch die elektronischen Medien – lernen die Aufgabenfelder der empirischen Leseforschung kennen – untersuchen den Argumentationsgang von Texten – ermitteln und bewerten kritisch Textaussagen und -intentionen – beziehen Aussagen unterschiedlicher Texte aufeinander – beziehen und begründen eigene Positionen
DURCHFÜHRUNG/ UNTERRICHTSSCHRITTE „LITERATUR UND LESEN FRÜHER UND HEUTE“	1. Die beiden Basistexte „Der Kanon und die Kanonen“ von Ulrich Greiner (TH, S. 88) und „Sind Klassiker nicht erwa antiquiert?“ von Hans Joachim Grünwaldt (TH, S. 89) finden sehr unterschiedliche Antworten auf die Frage, welche Literatur in der Schule gelesen werden soll. Aufgrund ihrer gegensätzlichen Position können sie gut in arbeitsteiliger Gruppenarbeit erschlossen werden. 2. Der Greiner-Text nimmt Aspekte des Aufbautextes „Setz einen Frosch auf einen Stuhl“ von Hannelore Schlaffer (TH, S. 90 f.) vorweg. Schlaffer stellt die veränderten Bedingungen des Lesens im Einzelnen dar, wo Greiner nur konstatiert: „Literarische Unbildung traut sich.“ (Z. 39) Wenn der Text nicht zur Vertiefung oder zur Differenzierung eingesetzt wird, können die Sachinformationen des Textes auch von der Lehrkraft im Unterricht referiert werden.

3. Der Aufbautext „Lesen und Lesekompetenz in der Medienwelt“ von Peter Stein (TH, S. 92 f.) schneidet eine Reihe von wichtigen Themen an – von der Entstehung der empirischen Leseforschung und ihren Befunden bis hin zu den verschiedenen Formen des Analphabetismus. Als Kernthese sollte herausgearbeitet werden, dass das Lesen in der heutigen Zeit zunehmend als bloße Technik verstanden wird. Der Text kann zu Hause als Hausaufgabe vorbereitet werden. Wenn das nicht der Fall ist, sollte der Text (wie auch der folgende Aufbautext) in Partnerarbeit im Unterricht erschlossen werden.
4. Der Aufbautext „Von der Zukunft des Lesens“ von David Gelernter (TH, S. 94 f.) formuliert bedenkenswerte Thesen zur Zukunft des Lesens im Zeitalter der Neuen Medien. Er lässt sich gut auf die Erfahrungswelt der Schüler beziehen und vermag eine interessante Diskussion anzustoßen.

Lösungen

Klett Themenheft → S. 88 f.

Ulrich Greiner: Der Kanon und die Kanonen/H. J. Grünwaldt: Sind Klassiker nicht etwa antiquiert?

1

- „Der Kanon und die Kanonen“: Greiner hält einen literarischen Kanon für sinnvoll, weil man die eigenen Traditionen kennen muss, um die Gegenwart zu verstehen. Zudem ist er der Ansicht, dass jene, die keine gute Schule und/oder kein anspruchsvolles Elternhaus hatten, eine Orientierungschance und damit die Chance der Partizipation an der Welt der Gebildeten verdient haben. Als Beispiele für Texte dieses Kanons nennt Greiner überwiegend solche Werke (bzw. deren Autoren), die Grünwaldt als „antiquiert“ bezeichnet.
- „Sind Klassiker nicht etwa antiquiert?“: Grünwaldt ist der Auffassung, den Schülern fehlten sowohl der Lebensbezug als auch das historisch-kulturelle Wissen sowie die sprachlichen Fähigkeiten, um sich die sogenannten Klassiker zu eigen zu machen. Er plädiert deshalb dafür, in der Schule zeitgenössische Literatur zu lesen.

2

Pro Lektüre klassischer Werke	Kontra Lektüre klassischer Werke
- man muss seine eigene Tradition kennen - sichert Partizipation - gleicht in der Schule die Herkunft aus bildungsfernen Elternhäusern aus - dient den Nichtlesern	- werden von Jugendlichen spontan abgelehnt - Sprache unverständlich - dichterisches Pathos wirkt heute für Jugendliche lächerlich - setzt Kenntnisse und Werte voraus, die Jugendliche nicht haben bzw. kennen - das Lesen moderner Schriftsteller ist zeitsparender

Im Großen und Ganzen überzeugt Greiners Position mehr als die Grünwaldts. Grünwaldt übersieht, dass die Schule gerade auch die Aufgabe hat, die mythologischen, geschichtlichen, kulturellen Grundlagen zum Verständnis auch älterer Literatur zu vermitteln (nicht nur im Fach Deutsch, sondern auch in Fächern wie Geschichte, Religion oder Musik), dass „klassische“ Literatur zeitlose und damit auch aktuelle Themen behandeln kann und dass schließlich Bildung (im Sinne Greiners) nötig ist, weil ohne Kenntnis der eigenen Traditionen die Gegenwart nicht verstanden werden kann.

3 Hier sind individuelle Lösungen gefragt. Erwartet werden könnte aber, dass die Schüler den Wert klassischer Bildung und Lektüre anerkennen, weil Bücher zu einem vertieften Weltverständnis verhelfen und neue Horizonte eröffnen.

4 Möglich wäre zum Beispiel, den Einstieg in einen Stoff (oder ein Thema) über einen Gegenwartsautor vorzunehmen und anschließend dann auch mit älteren Bearbeitungen zu vergleichen.

Klett Themenheft → S. 90 f.

Hannelore Schlaffer: Setz einen Frosch auf einen Stuhl

1 Mögliche Unterteilung:
- *Absatz 1:* Der Untergang des Buches als Freund
- *Absatz 2–4:* Neue Bedingungen des Lesens
- *Absatz 5:* Bücher sind sterile Objekte geworden
- *Absatz 6/7:* Das Fehlen von Vorbildern
- *Absatz 8/9:* Literatur als gesellschaftliches Band
- *Absatz 10/11:* Der Wert des Zitats
- *Absatz 12:* Literatur ist nicht mehr nötig zur Bewältigung der alltäglichen Praxis

2 Zentrale These: Die Liebe zur Literatur verschwindet (bzw. ist fast verschwunden). – Veränderungen der Bedingungen des Lesens: Junge Menschen werden von zu Hause aus nicht mehr mit klassischer Literatur bekannt gemacht und nicht mehr zum Lesen angehalten. Das Buch verliert seine besondere äußere Anmutung und wird zum sterilen Objekt. Lesende Vorbilder aller Art fehlen zunehmend. Literarische Bildung als Merkmal der „besseren" Gesellschaft geht verloren. Literarische Figuren gelangen nicht mehr ins kollektive Gedächtnis.

3 Das Buch bekommt immer mehr Konkurrenz durch andere Medien (Radio, Fernsehen, DVD/Kino, Computer) und andere Freizeitinteressen (Reisen, Sport, ...).

4 Im Allgemeinen dürften die Schüler Schlaffers These wohl zustimmen, doch schließt das individuell andere Erfahrungen natürlich nicht aus.

Klett Themenheft → S. 92 f.

Peter Stein: Lesen und Lesekompetenz in der Medienwelt

1
- *Abschnitt 1:* Lesekompetenz und -frequenz als Maßstab
- *Abschnitt 2:* Keine tragfähigen Aussagen über den Stellenwert des Lesens in der Mediengesellschaft
- *Abschnitt 3:* Befunde mit Einschränkungen
- *Abschnitt 4:* Lesen als Schlüsselkompetenz
- *Abschnitt 5:* Förderung der Lesesozialisation
- *Abschnitt 6:* Analphabetismus

2
- Primärer Analphabetismus: Jemand kann nicht lesen und schreiben, weil er es nie gelernt hat.
- Sekundärer Analphabetismus: Die Fähigkeiten zum Lesen und Schreiben lassen nach, weil sie im täglichen Leben zu wenig gefordert werden.
- Illiterat: Jemand, der nicht richtig lesen kann (weil er es nicht richtig/ausreichend gelernt hat).
- Aliterat: Jemand, der das Lesen zu wenig geübt (und teilweise wieder verlernt) hat und nun keine längeren Texte erfassen kann.
- Funktionaler Analphabet: Jemand, der weniger gut lesen kann, als dies in seiner Arbeits- und Lebensumgebung eigentlich erforderlich wäre.

3 Peter Stein formuliert hier ein sehr technokratisches Leseverständnis. Mit dem Satz ist nicht gemeint, dass man lesend viel Wissen (für seine Bildung) gewinnt, sondern die Fähigkeit des Lesens an sich. Leser können ihre Informiertheit erhöhen bzw. immer aktualisieren. Die Folge dieser Auffassung ist, dass der Inhalt des Gelesenen gegenüber der Entwicklung der Fähigkeit zurücktritt. (Salopp gesprochen ist es egal, was man liest, wenn man nur liest und damit die Fähigkeit schult).

4 Diese Forschung entwickelte sich vor allem aus der Sorge heraus, dass angesichts einer mediensozialisierten Jugend die generelle Lesefähigkeit abnehmen könnte. Hier sollten verlässliche Prognosen erstellt werden.

5 Hier stehen die Erfahrungen der Schüler im Vordergrund. Sie werden den PC vermutlich intensiv als Lesemedium nutzen, zumindest wenn es darum geht, sich Informationen für Referate, Hausarbeiten und Ähnliches zu beschaffen. Eine gute Lesekompetenz, die man sich im Umgang mit Büchern erworben hat, dürfte dabei von Vorteil sein.

6 Lesen gilt als Schlüsselqualifikation bei der Vergabe von Lebens- und Erwerbschancen. Deshalb wird die Förderung der Lesefähigkeit auch als gesamtgesellschaftliche Aufgabe verstanden. Diese Auffassung impliziert, dass die Lesekompetenz im Vordergrund steht, nicht die vermittelten Inhalte (vgl. Aufgabe 3).

7 Zentral ist hier, dass das Lesen zunehmend als bloße Kompetenz bzw. Technik verstanden wird. Die Befunde der Lese(r)forschung bestätigen denn auch, dass das sogenannte Qualifikationslesen mehr und mehr die belletristische Lektüre überlagert.

Klett Themenheft → S. 94 f.

David Gelernter: Von der Zukunft des Lesens

1 Unter „Cyberpuls" versteht Gelernter die Informationsrate, d. h. die Häufigkeit, mit der man in der Cybersphäre mit neuen Informationen konfrontiert wird. Diese Informationsrate strebe in Richtung „Kontrollverlust" und überschreite die „Grenze, ab der die Qualität des Lesens und des Schreibens abnimmt und sich die Bedeutung der Worte verändert" (vgl. Z. 88 ff.), was letztlich den „existentiellen Status des Wortes" (vgl. Z. 140 f.) gefährde.

2 Bislang haben gedruckte Bücher zum langsamen, gründlichen Lesen, Denken und Schreiben angeregt. Gelernter fürchtet nun, dass mit dem Abwandern der Buchinhalte in die Neuen Medien Kulturtechniken verloren gehen und dass flüchtiger gedacht und geschrieben wird.

Durch die digitale Erfassung und Verbreitung der Buchinhalte wird auch deren Dauer (Haltbarkeit, Permanenz) gefährdet, weil man sich von elektronischen Daten leichter trennt als von gedruckten Büchern (vgl. das Beispiel mit den Qumran-Rollen).

3 Die Schüler können Beispiele aus ihrem Alltag finden für die Zunahme des „Cyberpuls" bzw. der „Informationsrate". Welche (zusätzlichen) Informationen erhalten sie, wenn sie etwa ihren Freemail-Account öffnen oder Zeitungen und Zeitschriften online lesen?

Auch über die Art des Lesens können sie sich Gedanken machen. Was lesen sie gründlich, was wird nur überflogen, was wird nur zur Kenntnis genommen, was gedanklich verarbeitet?

4 Die Folgen des universellen Publizierens bestehen zunächst einfach in einem gewaltigen Text- und damit Informationsangebot, auf das man nahezu jederzeit und fast immer kostenlos zurückgreifen kann. „Universelles Publizieren" bedeutet aber auch meist den Verlust von vielen Kontrollinstanzen (Verleger, Herausgeber, Redakteure oder Lektoren), die alle auf ihre Weise für eine gewisse Qualität des Werkes einstehen. „Ins Netz stellen" kann dagegen jeder etwas, und meist gibt es dabei keine Kontrolle durch Dritte (es gibt dabei aber auch Ausnahmen, so setzt etwa wikipedia auf die Kontrolle der Leser), weshalb es neben vielen guten „universellen" Veröffentlichungen auch viele schlechte gibt.

Das Parodoxe daran: Welche Qualität etwa ein Informationstext über Mediengeschichte, Franz Kafka oder die spezielle Relativitätstheorie hat, kann nur derjenige einschätzen, der diese Informationen eigentlich nicht (als Ganzes) benötigt. „Universelles Publizieren" bringt aber auch ein Mengenproblem mit sich. Selbst wenn man also gute von schlechten Seiten zu trennen vermag, ist die bloße Masse an guten Seiten insbesondere zu populären Themen meist nicht überschaubar.

Modul XI: Literatur und elektronische Medien

INTENTION	Durch die Neuen Medien verändert sich die Verbreitungsweise von Literatur, das Selbstverständnis von Autoren, der Umgang der Autoren mit ihrem Publikum usw. Die Texte dieses Moduls gehen verschiedenen Aspekten dieser Veränderungen nach, auch wenn sich die Auswirkungen auf Schriftsteller und Literatur erst in Ansätzen abzeichnen und sich noch nicht endgültig prognostizieren lässt, in welche Richtung der Wandel gehen wird.
ZEITBEDARF	3 Unterrichtsstunden bzw. 2 Unterrichtsstunden Das Thema Literaturverfilmung kann entfallen. Das Verhältnis Buch und Film wird sicher auch in anderen Unterrichtszusammenhängen angesprochen werden.
MATERIAL	Klett Themenheft, S. 96 f.: T. C. Boyle: Autoren-Dämmerung Zusatztext online: Thomas Hettche: Wahre Literatur ist rücksichtslos, Klett Themenheft, S. 97 Klett Themenheft, S. 98 f.: Maik Söhler: Die neue Netzliteratur – Wo ist sie nur? Wo? Klett Themenheft, S. 98: Elfriede Jelinek: Neid Klett Themenheft, S. 100 f.: Daniel Kehlmann: Ein Beitrag zur Debatte Klett Themenheft, S. 102 f.: Jörg Schöning: Dann lieber untreu sein Zusatztext online: Christian Horn: Literatur und Film, Klett Themenheft, S. 103
DIDAKTISCHE HINWEISE	Die Texte von T. C. Boyle und Elfriede Jelinek zeigen, wie unterschiedlich Schriftsteller auf die Möglichkeiten reagieren, die sich durch die Neuen Medien ergeben. Maik Söhler fragt aus der Sicht des aktiven Internet-Nutzers. Mitaufgenommen in die Textsammlung ist ein Auszug aus Daniel Kehlmanns Romankapitel „Ein Beitrag zur Debatte" (vgl. Modul III), weil der Text die Rolle von Literatur im Zeitalter der Neuen Medien auf überraschende Weise aufgreift. Da Kehlmanns Roman mittlerweile verfilmt wurde, liegt es nahe, auch das Medium der Literaturverfilmung einzubeziehen.

ZIELVORSTELLUNGEN/ KOMPETENZ-BESCHREIBUNGEN	Die Schülerinnen und Schüler erwerben bzw. festigen folgende Kompetenzen. Sie – werten Sachtexte aus – erkennen die neuen Möglichkeiten, die sich Schriftstellern und Publikum durch die Neuen Medien eröffnen – untersuchen einen literarischen Text – charakterisieren eine literarische Figur – vergleichen eine Literaturverfilmung mit der Buchvorlage – diskutieren das Verhältnis von Buch und Film
DURCHFÜHRUNG/ UNTERRICHTSSCHRITTE „LITERATUR UND LESEN FRÜHER UND HEUTE"	1. Im Text „Autoren-Dämmerung" des amerikanischen Schriftstellers T. C. Boyle kommen verschiedene Veränderungen zur Sprache, die sich durch die Möglichkeiten der Neuen Medien für die Schriftsteller und für die Literatur ergeben haben. Unter anderem kann der Autor mithilfe eines Blogs mit seinen Lesern in Verbindung treten, Bücher sind nicht mehr nur in gedruckter Form, sondern auch als E-Book erhältlich, Apps bieten zusätzliche Möglichkeiten der Darbietung des Textes. T. C. Boyle benennt aber auch die Gefahren, die sich für den Schriftsteller durch die neuen technischen Möglichkeiten ergeben: Wer beständig online ist, bloggt, tweetet, postet, kommt unter Umständen nicht mehr zum ernsthaften Schreiben. Der Text ist leicht verständlich, sodass die Aufgaben auch selbstständig durch die Schüler bearbeitet werden können. Der Zusatztext des Schriftstellers Thomas Hettche kann gut zur Vertiefung des Textes von T. C. Boyle herangezogen werden. Der Autor wehrt sich gegen die Erwartung, im Internet präsent zu sein, weil er der Ansicht ist, die primäre Aufgabe eines Schriftstellers bestehe in der Analyse und Deutung der Wirklichkeit, nicht jedoch in der Kontaktpflege mit seinen Lesern.

2. Der Basistext „Die neuen Netzliteratur – Wo ist sie nur? Wo?" von Maik Söhler und der Aufbautext „Neid" von Elfriede Jelinek beschäftigen sich mit der Präsenz von Autoren und Literatur im Netz. Söhler erwartet ganz selbstverständlich die Internetpräsenz von Autoren in Form von Blogs und fordert darüber hinaus eine spezielle Literatur für das Netz ein, die mehr ist als die digitalisierte Form eines gedruckten Textes.
   Der Auszug aus dem Roman „Neid" von Jelinek, den sie speziell für das Internet verfasst hat, zeigt eine frühe Beschäftigung mit den Neuen Medien, verrät aber auch, dass Jelinek die Spezifika von Literatur im Netz nicht verstanden hat.
3. Der Kehlmann-Text beleuchtet das Verhältnis von Literatur und Neuen Medien noch einmal aus einer ganz anderen Perspektive. Mollwitt, der Protagonist von „Ein Beitrag zur Debatte", führt sein Leben hauptsächlich im Netz. Als er den Schriftsteller Leo Richter kennenlernt, setzt sich in ihm die Idee fest, dass er eine Figur in einer Geschichte von Richter werden müsse. In einem herkömmlichen Buch vorzukommen, erscheint ihm erstrebenswerter als alle Internetpräsenz. Als Überleitung zur Filmkritik von Jörg Schöning dient das Filmfoto auf Seite 101. Schönings Meinung nach ist die Verfilmung des Romans misslungen, weil sie sich zu dicht an die (überkonstruierte) Vorlage hält. Mithilfe des Online-Textes von Christian Horn „Literatur und Film" kann grundsätzlicher über die Beziehung zwischen Buch und Film nachgedacht werden. Schön wäre natürlich, wenn vor der Behandlung der Filmkritik die Verfilmung gezeigt werden könnte.

Lösungen

Klett Themenheft → S. 96 f.

T. C. Boyle: Autoren-Dämmerung

1
- *Blogs:* Boyle schätzt an Blogs die Möglichkeit, mit seinen Lesern zu kommunizieren; bloggt aber eher selten.
- *Facebook/Twitter:* Boyle denkt, dass man von diesen Kanälen versklavt wird, wenn man sich erst einmal darauf eingelassen hat.
- *Tablets:* Boyle schätzt die Möglichkeit, Literatur auch als Audiodatei zu präsentieren.
- *E-Reader:* Boyle möchte Bücher stofflich um sich haben.

2 Nach Boyle wird von Schriftstellern erwartet, dass sie sich Zeit zum Nachdenken nehmen. Genau dies würde durch die ständige Kommunikation via Neue Medien unmöglich.

3 *Literaturbezogene Veränderungen:* E-Reader könnten Taschenbücher verdrängen. Kleine Buchhandlungen könnten sterben. Das literarische Niveau könnte sinken.
Andere Veränderungen: Die ganze Gesellschaft schottet sich zunehmend in den eigenen vier Wänden ab.

4 Ein solcher Überblick könnte prinzipiell von jedem angeboten werden, der selbst den Überblick und hinreichend Zeit hat. Leicht fallen dürfte dies einem Verbund von Autoren (und Rezensenten), die gemeinsam eine solche Seite betreiben. Denkbar wäre auch eine Art „wikiliteratur", bei der die Nutzer zugleich Gestalter und Kontrolleure der Beiträge sind.

Klett Themenheft → S. 98 f.

Maik Söhler: Die neue Netzliteratur – Wo ist sie nur? Wo?

1 *Quantität:* Hier besteht kein Mangel. Söhler schreibt: „Die Linkliste zu bloggenden deutschsprachigen Autoren auf blog.literaturwelt.de ist lang und, wie die Betreiber selbst schreiben, alles andere als vollständig." (Z. 42 ff.)

Qualität: Hier bestehen eklatante Defizite: Vorteile des Mediums (Aktualität, Interaktion, Vernetzung, vgl. Z. 18 ff). werden nicht genutzt.

2 Die Motivation könnte ein echter Austausch mit den Lesern sein, der zwar arbeits- und zeitaufwendig sein dürfte, sich aber möglicherweise in besseren Verkaufszahlen niederschlägt. Denkbar wäre auch ein Interesse an neuen Literaturformen und neuer Literatursprache unter Einbezug der Leser.

3 Hier ist die Meinung der Schüler gefragt. Darauf zu achten ist, dass die Schüler nicht Netzliteratur mit E-Books und E-Readern verwechseln, sondern sich Gedanken machen, wie Literatur, die nur im Netz existiert, sich von herkömmlicher Literatur unterscheiden müsste.

4 und 5 Mögliche Kriterien der Bewertung wären: Gestaltung der Seite (von der Navigation über die Originalität bis hin zur Ästhetik), Aktualität der Seite, Möglichkeit der Kontaktaufnahme mit dem Autor, Verlinkung mit anderen Seiten, …

Klett Themenheft → S. 99

Elfriede Jelinek: Neid

1 Da Jelinek ihren Roman als „privat" versteht, stellt sie ihn ins Internet, weil dort die Öffentlichkeit virtuell sei, was ihr die Möglichkeit biete, sich ach hinter ihrem gleichsam „nicht-geschriebenen" Text zu verstecken. Die Äußerungen von Jelinek sind reichlich diffus. Zum einen bleibt offen, was eine „virtuelle Öffentlichkeit" sein soll (Gibt es eine „physische Öffentlichkeit"?), zum anderen ist fraglich, wie man sich hinter etwas verstecken kann, was es „sozusagen" nicht gibt („nicht-geschrieben" ist der Roman ohnedies nicht, höchstens ungedruckt).

Über die Fragestellung hinaus könnte diskutiert werden, inwieweit der „Privatroman" „Neid" internetspezifisch ist. Hier käme man vermutlich schnell zu dem Schluss, dass Jelinek lediglich einen Roman ins Netz gestellt hat, der genauso gut als gedrucktes Buch hätte erscheinen können. Darüber hinaus könnte die Frage zum Anlass werden, über besonders geeignete Literatur fürs Netz bzw. besondere Möglichkeiten der Präsentation von Literatur im Netz zu sprechen.

Klett Themenheft → S. 100 f.

Daniel Kehlmann: Ein Beitrag zur Debatte

1 Mollwitt ist aufdringlich und im Gespräch von Angesicht zu Angesicht nur wenig kommunikativ. Er lebt noch bei seiner Mutter, und hat Probleme mit Frauen. Deutlich wird, dass er zwar sehr großsprecherisch auftritt, aber damit seine Einsamkeit überdecken will. Die stetige Präsenz im Internet ist Ersatz für das wenig befriedigende „real life".

2 In dem Wunsch, Lara in der fiktiven Welt zu begegnen, sieht der Ich-Erzähler zunächst eine „Erlösung" (Z. 132) von seinem „real life". Der Wunsch an sich ist verständlich, weil es wohl jedem schmeicheln würde, Vorbild für eine positiv besetzte Romanfigur zu sein. Lebte der Erzähler schon vor der Begegnung mit dem Schriftsteller Leo Richter mehr in der virtuellen Welt des Internets als in der realen, sieht er nun eine Möglichkeit, Bestandteil einer fiktiv erzählten Welt zu werden. Aus der Internetwelt will er sich in die Welt der Fiktion flüchten – ein Beleg dafür, wie dürftig es um sein reales Leben bestellt ist.

3 Das Buch bildet den Raum für die Fiktionalität, das Internet den Raum für die Virtualität. Gemeinsam ist beiden Räumen die fehlende physische Entsprechung. Während aber dem Raum Internet Realität zukommt, existiert die Fiktion nur im Gehirn (oder im Geist).

4 Die Aufgabe zielt noch einmal auf die Verständnissicherung zentraler Begriffe. „Fiktional" bedeutet „erdacht, nicht wirklich", d. h., ein realer Mensch kann nicht in einer Story sein, allenfalls kann der reale Mensch Vorlage für eine Romanfigur sein, die der Autor mit einer anderen, ebenfalls nicht realen Figur in einer Geschichte vorkommen lassen kann. „Virtuell" bedeutet „nicht physisch", d. h., ein realer Mensch kann mit einem anderen realen Menschen (z. B. einer Lara) einen ganz realen Kontakt haben, ohne dass dieser Kontakt zugleich physisch sein muss (d. h. ohne körperliche Nähe stattfindet). Mit anderen Worten: „Virtuell" bedeutet keinesfalls „unwirklich" oder „unecht". Mit der Person Lara, mit der man im Internet chattet, kann man sich treffen. Mit der Romanfigur Lara jedoch nicht.

5 Der Romanausschnitt ist als Posting abgefasst, d. h. so, als ob er sich an einen bestimmten, zum Teil auch näher bekannten Leserkreis wendet. Die Sprache des Protagonisten entspricht wohl Kommunikationsmustern, wie sie in Internet-Chats üblich sind. Insofern lässt sich durchaus von zumindest internetaffiner Literatur sprechen.

Klett Themenheft → S. 102 f.

Jörg Schöning: Dann lieber untreu sein

1 *Roman „Ruhm":* besteht aus neun Geschichten; besteht aus neun Geschichten; erschien 2009; Hauptfigur ist der Schriftsteller Leo Richter (als Selbstporträt Kehlmanns); Kernhandlung wird skizziert.

Film „Ruhm": Schauplätze und Schicksale wechseln häufig; mit viel Schauspielprominenz besetzt; Personenzahl gegenüber der Vorlage reduziert.

2 Schöning hält die Verfilmung für nicht gelungen, da sie zum einen zu werktreu ist (und der Roman eine schlechte Vorlage abgibt), zum anderen die Schauspieler (Senta Berger) schlecht besetzt sind.

3 Bei dieser Diskussion geht es um die Frage, wie eng an der Vorlage ein Film (oder auch eine Theaterinszenierung) sein muss bzw. wie frei er damit umgehen darf. Filme werden heute stärker daran gemessen, wie sie als Filme „funktionieren", d. h., dass von ihnen beides, der Bezug zur literarischen Vorlage wie auch die „Demonstration der Eigenständigkeit" verlangt wird.

Hinweis zur Übungsklausur im Themenheft Seite 106 ff.

Die Übungsklausur wird in dem Heft „Klausurtraining Erörterndes Erschließen pragmatischer Texte" (Klett 978-3-12-352476-9) exemplarisch erarbeitet. Mithilfe des Heftes lassen sich die einzelnen Arbeitsschritte, an deren Ende der Aufsatz steht, nachvollziehen. Eine Musterklausur zeigt, wie ein fertiger Schüleraufsatz aussehen könnte.

1. → 2. → 3. → 4. → **5. Klausur schreiben** → 6.

Schreiben Sie auf der Grundlage Ihrer Gliederung sowie Ihrer übrigen Vorarbeiten die Klausur.

Einleitung:

Man informiert sich im Internet zum Beispiel über Mountainbikes und bekommt fortan wochenlang bei jeder passenden und unpassenden Gelegenheit Werbebanner für Mountainbikes auf den gerade besuchten Internetseiten eingeblendet. Was für viele schon zur Normalität geworden ist, prangert Jörg Friedrich in seinem im Jahr 2011 erschienenen Artikel „Die Moral des Netzes" als kommerzielle Spionage sowie Voyeurismus und damit als moralisch verwerflich an. Bevor ich jedoch darstelle, weshalb ich in einem solchen Verhalten nichts Unmoralisches sehe, möchte ich den Inhalt des Artikels darstellen und ihn genauer untersuchen.

Hauptteil:

1. Teilaufgabe

Friedrichs Artikel beginnt mit dem Beispiel eines Nachbarn, der einen im Schlafzimmer ausspioniert. Auf die Klage darüber im Bekanntenkreis bekomme man zu hören, man solle sich besser schützen oder einfach alles unterlassen, was den spionierenden Nachbarn interessieren könnte. Es folgt ein weiteres Beispiel, und zwar das eines Kaufhauses, das in die Wohnung einbrechen lässt, um dann genau das anzubieten, was man braucht. Auf Klage darüber im Bekanntenkreis bekommt man zu hören, das sei doch praktisch, außerdem könne man sich, wenn man wolle, schützen. In der „realen Welt", meint Friedrich, würde sich Ähnliches nicht ereignen, da ein solches Verhalten öffentlich geächtet würde; Voyeurismus und Spionage seien durch die „herrschenden moralischen Normen" tabuisiert. Im Internet dagegen werde sowohl der Voyeurismus als auch die Spionage wie selbstverständlich hingenommen; die Installation von Tracking-Software durch Betreiber von Plattformen oder Sozialen Netzwerken als normal betrachtet. Dieses Ausspionieren im Internet sei aber besonders zu verurteilen, weil es dort schwerer nachzuvollziehen, aufzudecken und zu verhindern sei. Gegen das Argument, dass dies der Preis für die kostenlosen Inhalte im Internet sei, wendet Friedrich ein, dass erstens diese Logik im Kaufhaus-Beispiel niemand akzeptieren würde, und dass zweitens die Nutzung der Inhalte ja nicht kostenlos sei, da die Kosten auf den Preis der beworbenen Produkte draufgeschlagen würden. Letztlich würde für den Besucher solcher Seiten ein Kaufdruck entstehen, da man sich sonst „parasitär" verhalte. Schon zeige sich in Diskussionsforen eine Entrüstung gegenüber Menschen, die Werbeblocker installieren. Zu erwarten sei außerdem, dass die Moral des Netzes auf den Alltag ausstrahle, Voyeurismus und Spionage also auch außerhalb des Netzes toleriert würden. Friedrich ist nun allerdings der Ansicht, man könne die Anbieter im Internet zu moralischem Verhalten zwingen. Als potenzielle Konsumenten könnten Nutzer einen Einfluss auf die Betreiber der Seiten nehmen. Friedrich wählt für seine Darstellung eine induktive Form der Argumentation, indem er von Beispielen ausgeht, die er dann vom Internet auf die „reale Welt" überträgt. Diese Gleichsetzung ist für ihn zugleich der Beleg für die Verwerflichkeit der Verhaltensweisen. Die Behauptung, das angeprangerte Verhalten sei im Netz noch viel mehr zu missbilligen, wird folgendermaßen begründet: Das Verhalten ist im Netz schwerer „nachzuvollziehen, aufzudecken und zu verhindern". Das trifft auf den durchschnittlichen User sicher zu. Gegen die Behauptung, dass Voyeurismus und Spionage der Preis für kostenlose Inhalte seien, argumentiert Friedrich nachvollziehbar damit, dass die Kosten über erhöhte Produktpreise sehr wohl zu zahlen seien. Wer versuche, durch entsprechende Programme Werbeeinblendungen zu verhindern, ziehe sich häufig den Unmut der Netz-Community zu. Dieser